O JEITO ESTOICO DE VIVER

O JEITO ESTOICO DE VIVER

Regras simples para o cotidiano

WILLIAM MULLIGAN

TRADUÇÃO
Cássia Zanon

TÍTULO ORIGINAL *The Everyday Stoic*

© Mulligan Brothers Limited 2024
Publicado em inglês em 2024 por Michael Joseph.
O selo Michael Joseph é parte do grupo Penguin Random House.
© 2025 VR Editora S.A.
Todos os direitos reservados.

Latitude é o selo de aperfeiçoamento pessoal da VR Editora

GERENTE EDITORIAL Tamires von Atzingen
EDITORA Silvia Tocci Masini
ASSISTENTE EDITORIAL Michelle Oshiro
REVISÃO Lígia Alves e Érika Tamashiro
DESIGN DE CAPA Pamella Destefi
ASSISTENTE DE DESIGN P. H. Carbone
ADAPTAÇÃO E DIAGRAMAÇÃO DE MIOLO Pamella Destefi
PRODUÇÃO GRÁFICA Alexandre Magno

Dados Internacionais de Catalogação na Publicação (CIP)
(Câmara Brasileira do Livro, SP, Brasil)

Mulligan, William
O jeito estoico de viver: regras simples para o cotidiano /
William Mulligan; tradução Cássia Zanon. – São Paulo:
Latitude, 2025.

Título original: The everyday stoic
ISBN 978-65-89275-63-3

1. Autoajuda (Psicologia) 2. Bem-estar 3. Desenvolvimento
pessoal 4. Estoicos 5. Filosofia I. Título.

24-233069 CDD-188

Índices para catálogo sistemático:
1. Estoicismo: Filosofia 188
Eliane de Freitas Leite – Bibliotecária – CRB 8/8415

Todos os direitos desta edição reservados à
VR Editora S.A.
Av. Paulista, 1337 – Conj. 11 | Bela Vista
CEP 01311-200 | São Paulo | SP
vreditoras.com.br | editoras@vreditoras.com.br

Sumário

Bem-vindo ao estoicismo 7
1. O que tem de errado com a minha vida, afinal? 15
2. Aqui estão os princípios básicos 27
3. A alegria da felicidade 45
4. Literalmente não consigo fazer nada 63
5. Se não está quebrado, não se pode consertar 85
6. Pelo menos uma coisa é certa 107
7. Alguém me entende? 125
8. Polegar para cima, polegar para baixo 143
9. Você conhece aquela vozinha na sua cabeça 161
10. A verdade sobre suas coisas maravilhosas 175
11. Coloque seus óculos cor-de-rosa 195
12. Não pare de parar 213
O caminho a partir daqui 231
A vida estoica 233
Referências 235

Bem-vindo ao estoicismo

As ondas estavam altas no mar escuro, e o tempo estava piorando. Levando uma carga valiosa, o navio tombava nas águas, batendo com imensa força contra as rochas, até que o casco de madeira maciça não aguentou mais. Com ruídos terríveis de coisas quebrando e rasgando, o navio se partiu, e a carga se perdeu no fundo do mar Egeu.

De algum jeito, o dono da carga sobreviveu. Exausto, depois de quase se afogar, Zenão, um comerciante que já havia sido rico e que agora não tinha um tostão, seguiu para a cidade de Atenas e visitou — como qualquer pessoa faria depois de sobreviver a um naufrágio — uma livraria.

Lá, em vez de se desesperar com o fato de todo o seu dinheiro ter desaparecido em uma viagem marítima que não deu certo, ele começou a papear com o dono da livraria sobre os ensinamentos filosóficos mais recentes.

Talvez atordoado por ser o único sobrevivente do naufrágio, e cercado por intensos debates sobre a existência, Zenão começou a desenvolver sua própria filosofia. Seus seguidores ficariam conhecidos como estoicos, em homenagem ao Stoá Poikile — ou Pórtico Pintado, originalmente conhecido como Pórtico de Peisianax, uma passarela coberta no espaço público da antiga Atenas onde eles se reuniam todos os dias. (No início o estoicismo era chamado de zenonismo, mas logo desistiram de dar a ele o nome de seu professor, reconhecendo que qualquer mestre teria falhas e que isso poderia transformar aquela filosofia em um culto à personalidade.) Quando Zenão morreu, o líder estoico que veio depois foi Cleantes, um carregador de água e boxeador conhecido como "a mula" por sua força e paciência; depois veio Crisipo, corredor de longa distância e escritor bem produtivo. As muitas obras escritas por Crisipo foram um fator fundamental na propagação do estoicismo, e sua morte foi bastante invejável. Ele morreu rindo, importunando um burro que comia figos. Algum tempo depois dele veio Possidônio, atleta, astrônomo, matemático e político, que viajou pela Europa e pela África, calculou a circunferência da Terra e o efeito da Lua sobre as marés. A consagração de Possidônio trouxe figuras do mundo inteiro para sua escola estoica.

Mais ou menos cem anos depois, chegou a vez de Epicteto, o estudioso que conseguiu se livrar da escravidão apesar de ter uma deficiência física e que transformou o estoicismo de uma teoria discursiva em um modo de vida prático. Ele se opunha tanto ao ensino teórico que se recusou a escrever qualquer coisa. O que temos de suas lições vem das anotações de um aluno entusiasmado; passados dois mil anos, elas ainda são úteis, tanto na forma dos *Discursos* quanto do *Manual*. Epicteto é citado pelo fundador da terapia cognitivo-comportamental (TCC) como uma das principais influências dessa ferramenta.

Nossa derradeira e maior figura estoica é Marco Aurélio, o último grande imperador de Roma e rei filósofo que, ao longo da vida, lutou contra sua doença e enfrentou pragas, guerras e a morte de seus muitos filhos. Ele fazia anotações pessoais sobre o tema da filosofia estoica e sua vida dentro dela, apenas para seu próprio autoaperfeiçoamento, mas esses escritos foram publicados em algum momento e continuaram a ser compartilhados desde então. Ainda estão entre os principais textos do estoicismo, contendo centenas de páginas de sabedoria, luta, aprendizado e debate.

Nos anos subsequentes, o estoicismo cresceu e passou a ter muitos seguidores tanto na Grécia como na Roma antigas. Em pouco tempo se espalhou para muito além desses países e suas terras anexadas, mesmo durante a ascensão do Cristianismo, quando tantas outras filosofias foram reprimidas. A crença estoica sobre construir um caminho para uma vida "boa" desenvolvendo o próprio caráter e vivendo diariamente em um bom estado de espírito percorreu o mundo e inúmeras culturas diferentes.

Ao longo dos milhares de anos de existência do estoicismo, muitos filósofos estoicos sofreram por causa de suas crenças: o imperador Domiciano exilou todos os filósofos de Roma, incluindo o líder Epicteto, e o pai de Domiciano, Vespasiano, já havia ido além e exilado especificamente filósofos estoicos por corromperem seus alunos com "ensinamentos inadequados". Musônio Rufo foi mantido sob suspeita por suas crenças estoicas na corte de Nero, da qual foi exilado não uma, mas duas vezes.

Mesmo assim, nenhum dos filósofos estoicos jamais deixou de ensinar o estoicismo, pois eles acreditavam que transmitir essas lições de vida era mais importante do que manter a própria existência. Depois que você descobre mais sobre o que os estoicos valorizam na vida fica difícil evitar a ideia de que aqueles que estão no poder não gostam quando os cidadãos começam a dizer: "Talvez a gente não precise comprar tanto nem disputar tanto uns com os outros por um pouquinho de poder". Pessoas que estão satisfeitas e que não têm medo podem se tornar mais difíceis de influenciar se você tiver apenas o medo e o consumismo como ferramentas.

Mas o estoicismo resiste há tanto tempo por uma razão fundamental: ele é prático. Isso significa várias coisas: o fato de o estoicismo ser uma filosofia de vida significa que ele é flexível. Não faz sentido ter limites rígidos sobre o que comer ou sobre quem pertence ao grupo ou quais atitudes são proibidas quando você aceita que as pessoas vivem em circunstâncias e situações totalmente diferentes. Significa também que o estoicismo é acessível: você não precisa estudar milhões de palavras nem desaparecer da sociedade para compreender essa filosofia e começar a viver uma vida estoica. Na verdade, algumas das pessoas mais estoicas que eu conheço nunca ouviram falar do estoicismo, muito menos o estudaram. E esses aspectos tornam o estoicismo incrivelmente atraente. Você pode começar hoje, e vai perceber hoje mesmo que a sua vida melhorou. O estoicismo entrega exatamente o que oferece, e a filosofia toda tem a ver com a prática diária. Você não fica mais estoico se pegar este ou aquele caminho, buscando atingir um pico do estoicismo. Em vez disso, você constrói bons hábitos que facilitam as boas escolhas, o que leva à felicidade e ao desenvolvimento de mais paciência, empatia e sabedoria, melhorando o convívio com as pessoas que estão ao redor. É tudo uma questão de darmos a nós mesmos a oportunidade de iniciar esses pequenos bons hábitos, de decidir sobre como queremos viver no mundo e de reunir esses hábitos para encontrar a prosperidade estoica.

Mesmo que nós necessariamente usássemos essa palavra, ainda assim todos teríamos nossa própria filosofia. Talvez tenha a ver com a maneira como tratamos as pessoas e permitimos que os outros nos tratem, talvez seja uma visão mais ampla da configuração do mundo. Independentemente de como expressamos isso (ou não), cada um de nós desenvolve uma filosofia sobre nossa vida, uma teoria do comportamento, que molda o modo como escolhemos viver.

Zenão não inventou nada com o estoicismo — ele explorou um conjunto de verdades universais sobre as pessoas, sobre o modo como nos comportamos, sobre as coisas de que gostamos ou não e o que nos faz prosperar e crescer em qualquer situação. Cada capítulo aborda uma dessas verdades universais que talvez tenhamos perdido de vista, e espero que cada um traga a você um pouco daquele contentamento e felicidade do estoicismo.

Este é um guia prático para a vida. Existem livros de filosofia que incentivam você a se fazer perguntas sobre a existência, crenças, moralidade e sobre si mesmo, mas este livro não é um estudo acadêmico de teoria nem uma história densa. Ele foi concebido para ser um modelo diário para viver uma vida com mais paz, mais felicidade e num mundo melhor para todos — mais justo, mais calmo, mais sábio e mais agradável. A ideia é fornecer as ferramentas para você ser a melhor versão de si mesmo, e a mais feliz também. Não quero ser o guardião do estoicismo. Quero que este livro mostre para todo mundo como é simples, acessível e alegre a filosofia estoica. O estoicismo não tem a ver com estudar para provas com centenas de livros. Na verdade, algumas das pessoas mais estoicas do mundo talvez nunca tenham ouvido falar dessa filosofia. O estoicismo fala sobre viver para melhorar a vida de todo mundo, não apenas dos poucos que têm recursos financeiros ou tempo para viver "bem". E esse é o ponto fundamental: estamos falando de viver.

Espero que você aproveite o livro, e depois comece a aproveitar sua vida estoica.

Dia após dia, o que você escolhe, o que você pensa e o que você faz é quem você se torna.

—

HERÁCLITO

CAPÍTULO 1

O que tem de errado com a minha vida, afinal?

ou Como o estoicismo pode melhorar tudo

Talvez você acorde feliz todas manhãs e deite a cabeça no travesseiro no fim do dia se sentindo realizado, agradavelmente cansado, e se entregue imediatamente a um descanso abençoado, preparando-se para mais um dia de alegria. Talvez você nunca tenha discordado de um amigo ou colega, nunca tenha se estressado em uma longa fila e jamais tenha se importado com o fim de um relacionamento ou a perda de um emprego. Talvez você seja o tipo de pessoa que enxerga todos os copos não só meio cheios como transbordando.

Nesse caso, parabéns. Você provavelmente não precisa ler este livro.

Mas, para o resto de nós, às vezes a vida pode parecer simplesmente uma repetição sem fim. Das menores queixas — perder o ônibus, ficar sem gasolina, um amigo que cancela um compromisso, uma reunião do nada quando você estava com a agenda livre — aos grandes desafios da vida — separação, desemprego, morte. A vida no século XXI é uma lista interminável de obrigações emocionais, financeiras, mentais e cotidianas, todas enterradas sob as pressões e influências das redes sociais e de uma sociedade infinitamente conectada pela internet.

Não ganhamos o bastante, não comemos direito, não temos a aparência que deveríamos ter, não usamos as roupas que deveríamos usar, não temos amigos suficientes e, se temos, não estamos fazendo as coisas certas com eles. Nossa casa deveria ser melhor, nosso emprego deveria ser melhor, deveríamos ganhar dinheiro com nossos hobbies e cuidar de nós mesmos o tempo todo. Também deveríamos estar por dentro de todas as notícias para podermos ficar bem-informados e preparados para tudo o que é capaz de acontecer.

É exaustivo.

Com o ritmo e o estresse do mundo de hoje, parece que aprendermos a não nos preocuparmos com o ônibus que perdemos não faz tanta diferença. Existem problemas tão grandes no mundo! Por que é importante conseguir ignorar aquela pessoa que passa na sua frente no supermercado?
A estranha verdade, porém, é que esses pequenos desapegos fazem diferença sim. Nossa vida é feita de momentos, e agora mesmo o seu momento é estar aqui, lendo estas palavras. Outros momentos minúsculos fazem você se sentir melhor ou pior, e ter vários momentos negativos no dia errado podem fazer você sentir que o dia inteiro foi ruim, ou o mês inteiro, o ano inteiro. Num dia errado, depois de enfrentar alguns pequenos acontecimentos ruins nos dias anteriores, pode parecer que tudo está péssimo.
Mas imagine viver uma vida em que essas pequenas coisas não afetam você. E uma vida em que você constrói

hábitos tão bons em torno das pequenas coisas que quando as grandes aparecem você já está acostumado a pensar diferente sobre elas. Pensar diferente sobre o que você pode controlar e o que não pode. Sobre a inevitabilidade da morte e a preciosidade da vida. Sobre a marca que você quer deixar no mundo e nas outras pessoas. Sobre uma felicidade que é muito fácil de encontrar, se você souber como procurar.

Já houve momentos em que eu enfrentei dificuldades na vida. Grandes e pequenas, mas todas me pareceram pesadas e insuportáveis, fazendo de mim um adolescente infeliz e ansioso, e depois um adulto estressado, negativo e irritado. Lutei muito contra a timidez e a ansiedade, carregando uma preocupação incessante sobre como existir e ajudar as pessoas ao redor, mas sempre paralisado pelo medo e pelos meus próprios pensamentos. Eu atravessava a rua para evitar encontrar os amigos e deixava de ir aos lugares porque ficava pensando demais sobre o que tinha dito antes ou o que poderia dizer. Isso me custou amizades, empregos e oportunidades. Parei de comer, parei de dormir e me tornei prisioneiro das minhas próprias limitações. Todos os livros de autoajuda que eu lia nessa época pareciam ter sido escritos por pessoas cheias de confiança, que sempre tinham as respostas, que nunca duvidavam do próprio sucesso e que me davam a impressão de estarem a um milhão de anos de onde eu estava.

E então eu descobri o estoicismo.

Ou, mais especificamente, minha mãe me apresentou ao estoicismo. Ela criou sete filhos sozinha e era uma enfermeira de cabelo curto cor-de-rosa. Ela ainda é a pessoa mais forte que eu conheço.

Na época eu trabalhava como operário da construção civil, passava quatro horas por dia me deslocando e ganhava um salário pequeno, num emprego de que não gostava, e tinha um chefe que eu não tolerava. Eu pedia a ele que me pagasse pelo menos um salário mínimo e ele negava, dizendo que se eu quisesse ganhar mais teria que trabalhar em todos os fins de semana, e não só na maioria deles. Parecia que minha vida estava se esvaindo, e todos os dias eu sentia que meus planos para o futuro e minha ambição estavam sendo drenados de mim. Então mamãe me deu um livro. Nunca fui de ler muito, mas ela comentou que eu tinha muito tempo livre nos ônibus todos os dias; então, se eu não ficasse enjoado, por que não gastar esse tempo lendo? Sendo uma enfermeira, ela já havia administrado um centro de reabilitação de drogas, por isso muitos dos livros que ela indicava falavam sobre recuperação, dependência e psicologia. Um estilo de leitura incomum para conquistar um novo leitor. Aos poucos, porém, fui passando de um livro para outro, escolhendo coisas da estante abarrotada dela, e comecei a descobrir mundos com os quais nunca havia sonhado, vozes que jamais tinha imaginado. Uma maldição havia se transformado em bênção.

Um dia, eu estava esperando o ônibus de manhã bem cedo quando um varredor de rua veio na minha direção e estendeu um livro para mim. Eu devo ter feito cara de quem não estava entendendo, então ele explicou que sempre me via lendo ali de manhã, que tinha achado aquele livro em cima de uma lixeira e o guardou para mim. Ele não disse mais nada, apenas aceitou meu agradecimento e seguiu seu caminho. Nunca mais o vi, mas aquele pequeno gesto de um estranho mudou alguma coisa na minha cabeça. Seria possível que as pessoas nem sempre fossem ameaças potenciais? Seria verdade que a maioria das pessoas queria fazer coisas boas para os outros ao seu redor?

Acabei chegando às *Meditações*, de Marco Aurélio. À primeira vista parecia uma leitura densa demais para alguém que mal havia aberto um livro até um ano antes — um diário filosófico de dois mil anos de existência, originalmente escrito em grego antigo? Só que, quando comecei a ler, rapidamente ficou claro que o texto era fascinante e fazia total diferença para a minha vida e para a vida das pessoas perto de mim. Lembro de uma passagem que li, na qual Marco Aurélio escreveu sobre seu objetivo de ser "como a rocha sobre a qual as ondas quebram. Ela permanece imóvel, e ao seu redor adormece a fúria do mar". Eu vivia num estado de turbulência e incerteza tão grande que a imagem mental de ser estável e seguro em um mundo instável me fez parar completamente e me deu uma esperançazinha de que o futuro poderia ser diferente de tudo que eu havia imaginado. Quanto mais eu lia, mais me surpreendia com o fato de aquela figura histórica ilustre, o último dos grandes imperadores romanos, era um ser humano como eu — preocupado com a família, com seu próprio temperamento, sua confiança, seus colegas. Ele pode ter liderado guerras e governado um império, mas sua principal preocupação era como poderia ser o homem bom que queria ser, encontrando força na bondade, na justiça e no cuidado com os outros. Por mais que não respondesse a todas as perguntas, o estoicismo pareceu me fazer questionar como viver e morrer para que o mundo pudesse ser melhor para todo mundo. Ele falava sobre honestidade e conexão, autoaperfeiçoamento e simplicidade, escolha, força e verdade.

Hoje eu olho para trás, para o jeito como às vezes me comportava, me sentia, como reagia a determinadas situações, e me sinto uma pessoa diferente. Eu ficava paralisado só de pensar em entrar em lojas, não conseguia conversar com meus amigos, não comparecia às festas, não abria a boca na escola. Eu era uma sombra, ansiosa e apavorada, muitas vezes incapaz de fazer coisas bem simples. Mas a filosofia estoica me fez pensar diferente sobre tudo, incluindo meu trabalho mal remunerado e pesado. Eu era muito leal ao meu chefe, apesar do comportamento dele — talvez por medo de optar por uma alternativa desconhecida —, mas o estoicismo finalmente me fez largar aquele emprego e começar a percorrer o caminho na direção do que eu queria de verdade.

Nesse momento a minha vida mudou. Nós sete fomos criados pela minha mãe sozinha, e sempre havia cobradores batendo na porta. Sempre nos refugiávamos nos filmes, e não assistíamos só aos filmes em si, mas também às cenas extras, que mostravam as filmagens e o que acontecia nos bastidores; nós acompanhávamos tudo o que podíamos sobre como aquilo era feito. Então, montei um negócio com meus irmãos e comecei a fazer filmes para ajudar a melhorar a vida das pessoas, sonhando que nós três iríamos conquistar Hollywood.

Pouco tempo depois, tínhamos um escritório no sótão da casa da nossa mãe, um cômodo apertado em meio aos itens da decoração de Natal. Era também o quarto onde dormíamos eu e outro irmão, com isolamento de fibra de vidro rosa brilhante saindo das vigas e num espaço onde não dava para ficar de pé, mesmo no ponto mais alto embaixo do telhado. Guardamos cada centavo do que ganhávamos em nossos empregos para comprar computadores para trabalhar e criar a Mulligan Brothers, uma empresa de mídia com o único propósito de inspirar mudanças. Um monte de ventiladores ficava ligado no verão para tentar evitar o superaquecimento dos computadores, e passávamos os invernos trabalhando e dormindo lá em cima com várias camadas de casacos e luvas — mas meus irmãos e eu estávamos decididos em nosso plano. Enquanto trabalhávamos, eu lia tudo o que conseguia sobre a filosofia estoica, antes de perceber aos poucos que, mês após mês, dia após dia, ela me trazia mais felicidade e contentamento. (Quando a empresa finalmente se tornou um sucesso, nos unimos para comprar a casa para nossa mãe, na tentativa de agradecer por tudo que ela tinha feito por nós.)

Uma das coisas mais interessantes sobre o estoicismo é a ideia de que ele fala sobre hábitos práticos, aspectos simples que podem ser construídos no cotidiano para criar um círculo virtuoso — quanto mais acessamos as ideias do estoicismo, mais fácil fica reagir de maneiras que nos fazem sentir bem e ajudar o resto do mundo ao redor a também se sentir melhor. Quase sempre nós continuamos enfrentando as dificuldades já conhecidas — relacionamentos que não dão certo, empregos nos quais somos infelizes, amizades que nos puxam para baixo — porque não sabemos se podemos fazer as escolhas corretas para guiar nossas vidas para uma situação melhor. Às vezes precisamos ser forçados a mudar para descobrir uma vida melhor, e, se a nossa vida não melhora objetivamente, o estoicismo oferece a oportunidade de descobrir e construir resiliência, otimismo, perspectiva, sabedoria e alegria.

Não parece que vale a pena tentar?

RESUMINDO
O estoicismo trata da construção de hábitos práticos.
O ato de começar algo já vai trazer um novo prazer à sua vida.

Não se nasce necessariamente com coragem, mas com potencial. Sem coragem, não podemos praticar nenhuma outra virtude com consistência. Não podemos ser bons, verdadeiros, misericordiosos, generosos nem honestos.

—

MAYA ANGELOU

CAPÍTULO 2

Aqui estão os princípios básicos

ou As Quatro Virtudes

Neste livro vamos falar bastante sobre as Quatro Virtudes (Sabedoria, Justiça, Coragem e Moderação), mas primeiro precisamos esclarecer todos os vários significados e interpretações dessas Virtudes que são abertos para um estoico. As Virtudes são o alicerce de tudo que um caráter deve ter, o guia testado e comprovado para sermos boas pessoas, e a base do estoicismo propriamente dita. Os estoicos entendem que, quando priorizamos esses valores, não temos como errar. Se formos sábios, justos, corajosos e moderados, é difícil imaginar como poderíamos existir de modo destrutivo ou infeliz, porque as Virtudes geram contentamento, e o contentamento encoraja mais Virtudes.

É um alicerce muito importante, porque, independentemente do nome, todos temos uma base subconsciente que determina a maneira como pensamos, nos comportamos e abordamos os outros. Quando não erguermos nossa fundação sobre algum tipo de filosofia moral, é oferecida a nós uma base para viver de acordo com a cultura pop, as redes sociais, pessoas das quais talvez vejamos apenas uma pequena parte de passagem, e acabamos priorizando bens, aparência e acúmulo. Nossos desejos também podem ser influenciados pelos nossos pais, e herdados deles. Mesmo com a maior boa vontade do mundo, muitas vezes eles nos influenciam a acreditar que nossos desejos "deveriam" ser os mesmos que os deles, que o melhor para nós seria seguir os passos deles: muitos filhos, por exemplo, são criados para assumir os negócios da família. No entanto, como as crianças têm sido expostas à internet cada vez mais cedo, as imagens que elas veem no espaço virtual estão tendo mais influência do que os pais, mesmo antes de elas atingirem a adolescência. A influência dessas imagens, a atratividade do dinheiro e da atenção, ficam, então, profundamente enraizadas no cérebro e no subconsciente das crianças. Podemos copiar o que vemos na internet para ganhar a mesma atenção, mas isso não oferece uma estrutura real sobre como realmente viver ou prosperar na sociedade de um jeito que beneficie a todos. Quando não estamos sendo fotografados, ou editando e selecionando as imagens, como vivemos de fato? Como nos comportamos em situações difíceis? Como existimos sozinhos, numa sala atrás de uma porta fechada, sem câmeras ou celulares? Como nós pensamos, dentro da nossa cabeça?

As Quatro Virtudes oferecem orientação para qualquer situação, e podemos recorrer a elas para descobrir qual é a ação mais benéfica.

EXERCÍCIO

Este exercício se chama modelagem de virtude e é conhecido em muitas religiões e filosofias diferentes. Você já deve ter visto pessoas usando uma pulseira com a inscrição WWJD. Os cristãos que usam essa pulseira se perguntam: *"What would Jesus do?"* — ou "O que Jesus faria?" — em situações difíceis.

Pense nas pessoas que você conhece — seja na vida real ou personagens de filmes ou livros — que podem refletir as Quatro Virtudes. Não precisa pensar em uma pessoa que tenha todas as quatro, mas você talvez consiga lembrar de quatro pessoas, cada uma sendo dona de uma das Virtudes. Talvez seja alguém da sua família, um professor, um amigo, um colega. Talvez seja um personagem da ficção ou uma figura como o ambientalista David Attenborough ou a ativista Rosa Parks. Construa uma imagem mental clara dessas pessoas em torno de cada virtude escolhida, pensando em como elas falariam, reagiriam ou se comportariam.

Da próxima vez que tiver uma dificuldade, encontre um espaço mental e pergunte a si mesmo: o que a pessoa que você escolheu faria agora? Como ela falaria? Você consegue refletir a virtude dela seguindo esse modelo?

> Se a virtude promete boa sorte, paz de espírito e felicidade, certamente o progresso em direção à virtude também é um avanço em direção a cada uma dessas coisas.
> — EPICTETO

Epicteto entendeu que o caminho é tão importante quanto o destino, se não for mais importante. O simples esforço para alcançar a virtude nos beneficia. O estoicismo não tem a ver com alcançar ou não a perfeição, mas com praticar os hábitos das Virtudes e perceber os benefícios que eles trazem para todos ao nosso redor quando agimos de acordo com essas escolhas. Sabedoria, Moderação, Coragem e Justiça podem parecer conceitos abstratos (como fazer para acordar de manhã e praticar a Sabedoria?), mas o progresso em direção a eles traz sentimentos mais concretos que podemos reconhecer como positivos e alcançáveis: felicidade, honestidade, generosidade.

Na Grécia antiga, uma das formas como as Virtudes eram representadas era como um tetramorfo, uma imagem de quatro animais representando cada Virtude — um homem para a Sabedoria, um leão para a Coragem, uma águia para a Justiça e um boi para a Moderação. No entanto, mesmo se pensarmos no que nós, no mundo moderno, podemos ou não associar a cada animal, será que entendemos quais outras ideias podemos conectar a cada Virtude?

•*•

Sabedoria, por exemplo, também pode significar uma mente boa para fazer contas, raciocínio rápido, critério, sutileza, desenvoltura e bom senso. É a capacidade de reconhecer o que está ao nosso alcance e o que não está, o que existe de bom e de ruim no mundo, e funciona como a pedra fundamental das Quatro Virtudes. Se soubermos o que nos ajuda a prosperar, vamos compreender melhor a nossa própria natureza e o que beneficia o mundo que nos rodeia. E o estoicismo não considera a Sabedoria uma coisa binária. Não se pode dizer que existem pessoas que nascem sábias e pessoas que nascem tolas e que permanecem da mesma maneira para sempre. Como acontece com qualquer Virtude, ou mesmo com qualquer habilidade, a Sabedoria pode ser praticada e melhorada. E por que não teríamos o desejo de melhorar uma habilidade? Tudo começa com a prática, compreendendo a Sabedoria e o significado das Virtudes e permitindo que elas orientem nossos atos.

Como ocorre com qualquer nova habilidade, o começo é sempre o mais complicado — mas também a parte em que mais aprendemos. O desenvolvimento só vem do desafio. Julgamos a nós mesmos com base no nosso monólogo interior e das nossas intenções, mas julgamos os outros pelas atitudes externas que eles praticam e pelo comportamento deles. Todos sabemos que, quando fizemos alguma coisa "errada", tivemos uma desculpa, ou pelo menos um motivo, para isso. Estávamos estressados, fomos mal interpretados, estávamos ajudando outra pessoa. No entanto, quando outra pessoa pratica uma ação "errada", só julgamos aquilo que conseguimos ver. Não conhecemos as justificativas e as conversas interiores que levaram essa pessoa àquele ato, por isso o nosso julgamento é muitas vezes duro e talvez totalmente injusto. Da mesma forma, a imagem que percebemos de alguém não é igual à posição moral dessa pessoa. Alguém com um "andar agressivo", um jeito de falar mais rude ou com roupas menos arrumadas não é automaticamente uma pessoa ruim, mas fomos preparados pelo capitalismo para compreender os símbolos de status social como sendo o mesmo que o status moral. Pense nos banqueiros que ganham bilhões à custa do restante da sociedade em crises econômicas em todo o mundo ocidental — o jeito como eles falam, suas roupas, seus carros, suas casas, tudo nos transmite a mensagem de que eles devem ser pessoas bacanas, que só estão fazendo uso do sistema da maneira como foi concebido para explorar as pessoas para seu próprio lucro. Não é a moral deles, é um problema do sistema! Compare isso com os beneficiários de programas de auxílio governamental, um grupo frequentemente demonizado pela imprensa. E são pessoas que, de modo geral, reivindicam legitimamente fundos para sustentarem a si mesmas e para garantir que suas famílias sejam abrigadas e alimentadas. Pessoas que estão fazendo uso do sistema da maneira como foi concebido, porque o nosso sistema não permite que elas sobrevivam de outra forma. Mas estas últimas devem ser pessoas moralmente fracas, e provavelmente corruptas. Veja as roupas que elas usam, o jeito como falam, as casas onde moram! Perdemos de vista a sabedoria objetiva quando o assunto são as divisões de classe na nossa sociedade.

Quantas vezes você viu alguém bradar na internet um posicionamento moral sobre uma posição social? Seja em uma legenda no Instagram ou em uma batalha ética nas redes, há quem seja capaz de brigar com alguém que esteja tomando iniciativas reais para ajudar uma instituição beneficente ou um grupo vulnerável só porque essa pessoa não ter usado as palavras corretas. Tenho um amigo que ajuda animais e é vegano há quinze anos, e há pouco tempo ele teve essa exata experiência quando fez um comentário na postagem de outra pessoa. Essa pessoa publicou imagens de uma vaca sendo maltratada por um fazendeiro, e meu amigo comentou que coisas piores acontecem o tempo todo com animais criados em cativeiro. Ele foi rapidamente esmagado por uma avalanche de outros comentaristas, dizendo que ele era a pior pessoa, que era mau, como podia odiar tanto os animais — a tradicional discussão virtual tranquila e racional dos debatedores da internet. Ele ficou abismado com o fato: como foi que ele, que se preocupa com o bem-estar dos animais há tanto tempo, ao tentar defender a falta de bem-estar em grande parte da indústria pecuária, pôde ser informado por estranhos carnívoros da internet que, de alguma forma, ele era o problema do mundo, porque suas palavras estavam contradizendo a arrogância de outros usuários?

Um ativista de uma determinada região pode não estar usando a terminologia correta daquele momento, mas, quando ele cria um grupo de jovens cuidadores, está fazendo muito mais pelo mundo do que alguém sentado atrás de um teclado cuja única "ação" é brigar na internet com alguém por causa do vocabulário. As tendências em torno das palavras mudam constantemente, mas fazer alguém se sentir melhor consigo mesmo e com a própria vida pode produzir efeitos positivos que reverberam muito além do que podemos imaginar. O único legado do guerreiro do teclado é produzir mais divergência no mundo.

A verdade é que pessoas com pensamentos bons e positivos que se consideram "pessoas boas" podem praticar atos "ruins". Por egoísmo ou ignorância, podem agir de uma forma que cause grandes danos ao mundo, mas, por terem um monólogo interior gentil e baseado em valores morais, acreditam que mesmo assim são pessoas boas. Da mesma forma, indivíduos com pensamentos negativos e amargurados podem realizar ações positivas no mundo diariamente, mas, como têm um monólogo interior crítico e sombrio, essas pessoas lutam para verem a si mesmas como algo diferente de gente ruim. Quando vistas do lado de fora, porém, suas marcas no mundo são o oposto da maneira como se veem: as pessoas "más" seriam consideradas boas e vice-versa. Em resumo, os discursos e as justificativas interiores não têm sentido, e precisamos de Sabedoria para compreender essa realidade. As ações são fundamentais, não os pensamentos, nem o discurso ou a autoimagem. Lembre-se da famosa instrução de Marco Aurélio a si mesmo: "Não perca mais tempo discutindo sobre como deveria ser um homem bom. Seja um".

•*•

Moderação também incorpora modéstia, autocontrole e boa disciplina. Somos capazes de nos sacrificar a serviço da Sabedoria e da Coragem, evitar a ganância e a vaidade, olhar com honestidade para aquilo de que realmente precisamos e limitar nossos desejos às coisas que nosso razoável julgamento decide. Moderação não é simplesmente a autodisciplina quando escolhemos exercê-la. Passar três horas na academia só para justificar o consumo excessivo de comidas calóricas e que nos fazem mal não é Moderação. Passar mais horas trabalhando para que possamos realizar mais coisas no nosso emprego à custa do relacionamento com a família e os amigos não é Moderação. Passar um fim de semana inteiro no sofá e não sair para tomar ar fresco ou visitar amigos depois de uma semana difícil de trabalho não é Moderação. O caminho do meio pode não ser fácil de encontrar no início, mas, como acontece com todo o estoicismo, quanto mais praticamos, mais simples se tornam as nossas escolhas e decisões.

Lembro de que, quando comecei a trabalhar com meus irmãos, eu tinha a sensação de que precisava trabalhar o tempo todo. Parecia questão de boa autodisciplina investir todo o meu tempo e toda a minha energia naquele negócio que era o nosso sonho havia tanto tempo; se era uma coisa que eu queria de verdade, eu teria que me dedicar muito. Não demorou muito, porém, para eu perceber que estava exausto e que não rendia. Eu não deveria sacrificar todo o resto (amizades, relacionamentos, boa forma, sono), mas encontrar um caminho de Moderação. Depois que percebi isso, foi fácil ter mais consciência do equilíbrio de que precisava em qualquer situação. Às vezes era um dia de muito trabalho e exercícios, outras vezes eu precisava relaxar com os amigos e nem pensar em trabalho. Tudo na vida fica melhor com equilíbrio.

Coragem inclui os hábitos de alegria, resistência, confiança, diligência e manutenção de princípios morais, abrindo espaço mental para enfrentar nossos próprios medos e carregar e administrar sentimentos difíceis, incluindo fome, dor ou cansaço. Quando Musônio Rufo, professor de Epicteto e grande filósofo estoico, foi exilado pelo imperador Nero na pouco acolhedora ilha de Gyaros, ele celebrou a prática que a ilha lhe oferecia para aprimorar seus princípios estoicos e desfrutar da companhia ocasional de colegas filósofos ali. Não que seja necessário encontrar uma remota ilha deserta para encontrar sua coragem estoica interior, mas não custa lembrar que o medo nos causa um dano maior do que quase qualquer coisa que realmente tememos, e a Coragem elimina o medo de tal maneira que pode nos paralisar quanto à dor de carregá-lo. Sabemos que podemos ser manipulados por forças externas, e uma das mais poderosas dessas forças é o medo. Quando assistimos ao noticiário e cansamos de ouvir que o mundo é um lugar terrível, cheio de inimigos em potencial, fica fácil entrar em pânico e reagir de maneira irracional. Mas a Coragem impede que nos sintamos perdidos e oprimidos, nos devolve a clareza e a perspectiva e mostra a direção certa. Construir um hábito de Coragem significa que podemos nos comportar de maneira corajosa mesmo diante das dificuldades; quanto mais fazemos isso, mais automático se torna. É uma Virtude valiosa para praticar.

Na infância, falta muita compreensão, experiência e habilidade para nós. Quando estamos sobrecarregados ou precisamos nos expressar, muitas vezes só conseguimos fazer isso na forma de gritos e choro indomáveis e descontrolados. À medida que crescemos, aprendemos (principalmente) que uma comunicação mais calma nos dá o que precisamos com muito mais qualidade, e então usamos nossa experiência e sabedoria para desenvolver nossas reações. Então, por que não colocamos a mesma ênfase no desenvolvimento longe do medo? Conforme fui amadurecendo, passei a tentar usar a razão para me afastar do medo que me impedia de falar com as pessoas, de sair, de experimentar coisas novas. É preciso ter Coragem para derrotar o medo, e um estoico verdadeiramente sábio compreende que, por mais útil que possa ter sido na nossa evolução, o medo é menos útil como forma de nos ensinar a nos comportarmos em sociedade.

Finalmente, a **Justiça**, que, embora possa trazer à mente a ideia de que temos a responsabilidade de, de um jeito ou de outro, introduzir um sistema jurídico em nossas vidas diárias, também pode significar as ideias de honestidade, legitimidade, equidade, piedade e tratamento justo. Coisas muito mais tangíveis, talvez. Na nossa existência cotidiana, podemos facilmente nos esforçar para ajudar os outros, fazer o bem, ter como objetivo um benefício comum para todos (recolher o lixo, por exemplo), trabalhar no sentido da bondade e da justiça e evitar a raiva. Quando desenvolvemos o hábito da Justiça e da ajuda para todos, melhoramos imensamente nossa própria vida. Pense no peso que você vai tirar de si mesmo se automaticamente ajudar aqueles que considera seus inimigos. Em pouco tempo você nem teria inimigos. Independentemente de eles sentirem a mesma coisa ou não, o problema teria sido removido da sua mente. Os estoicos acreditam que a Justiça é a mais importante de todas essas Virtudes, já que sem Justiça estamos apenas servindo a nós mesmos (embora Maya Angelou possa discordar disso).

Olhando para essas Virtudes agora, elas parecem mais acessíveis? Você já consegue ver quantas delas está administrando na sua vida?

Outra maneira de enxergar essas Virtudes é como se elas fossem os aspectos funcionais, fundamentais do estoicismo. Se você não tiver um fundamento em que basear suas ações e reações, outra pessoa vai impor um e ditar como você deve estar presente no mundo. Essas Virtudes não são meros conceitos, mas ferramentas comportamentais para viver estoicamente:

— A **Sabedoria** é essencial para sabermos o que está e o que não está em nosso poder e o que existe de bom e de ruim no mundo;

— A **Coragem** é essencial para agirmos com base em nosso conhecimento e sabedoria;
— A **Justiça** é essencial para compartilharmos e difundirmos as Quatro Virtudes e a filosofia do estoicismo;
— A **Moderação** é essencial para mantermos nossas práticas e nossos hábitos.

Elas se sustentam como as quatro pernas de uma cadeira, mantendo os hábitos estoicos estáveis, firmes e funcionais. E também fornecem detalhes dos Quatro Vícios, os comportamentos e escolhas que deveríamos evitar em nossas vidas:

— **Ignorância**;
— **Covardia**;
— **Injustiça**;
— **Destemperança**.

As Quatro Virtudes são um meio útil de resumir o que os estoicos estavam tentando ensinar e servem como um método prático para modelarmos a nós mesmos, assim como nossas opiniões e nossas ações, para iniciarmos nosso caminho para a eudaimonia. E então você pode se perguntar: mas o que é eudaimonia?

RESUMINDO
As Virtudes são o seu guia para boas ações.
Deixe que a Sabedoria, a Coragem, a Moderação e a Justiça sejam seus alicerces.

Nós somos o que fazemos repetidamente.
A excelência, portanto, não é um ato, mas um hábito.

—

ARISTÓTELES

CAPÍTULO 3

A alegria da felicidade

ou "Todos" significa igual

Todos queremos ser felizes. Passamos a maior parte da vida perseguindo a felicidade de um jeito ou de outro — mais um pouco no castelo inflável, mais uma cerveja, mais uma noite navegando no celular. Mais do que dinheiro, mais do que coisas, queremos ter *felicidade*. Não é por isso que este livro existe?

Os estoicos acreditavam que havia um caminho para a felicidade, algo claramente definido e simples para você seguir (não necessariamente fácil, mas simples). Eles acreditavam em buscar a *eudaimonia*, que pode ser traduzida como "prosperidade humana". A felicidade não é um estado que se alcança cuidando de si mesmo e realizando o maior número possível dos seus desejos. Em vez disso, ela é alcançada vivendo dentro do triângulo de ações a seguir.

Mantendo-se dentro desses três pontos, os estoicos compreendem que é possível encontrar a harmonia com o nosso eu interior e com o mundo ao redor e ter a felicidade crescendo a cada dia.

Vamos olhar para essas três ações:

1. Assumir a responsabilidade
Todos nós enfrentamos dificuldades na vida, sejam maiores ou menores. Mas é assumir a responsabilidade pelos passos que escolhemos dar depois dessas dificuldades que nos coloca no caminho para a eudaimonia. Será que deixamos de lado arrependimentos e recriminações? Cuidamos física e mentalmente de nós mesmos como e quando necessário? Será que nos envolvemos com o mundo de uma forma que assuma a responsabilidade por aquilo que podemos ou não controlar? O que nos leva a...

2. **Ter foco no que se pode controlar**
   No próximo capítulo, vamos falar sobre o controle que temos sobre o mundo. Temos pouco ou nenhum controle sobre a data em que nascemos, a data em que morremos, certas doenças ou acidentes, incidentes de boa sorte ou de má sorte, nosso passado, grandes eventos globais e desastres naturais e o que as outras pessoas decidem fazer, entre muitas, muitas outras coisas.
   Só conseguimos controlar nossas opiniões, ações, escolhas e motivações, e nosso caráter. Embora possa parecer limitante ter tão pouco controle sobre uma coisa tão grande e tão importante, que é a nossa vida inteira, ao mesmo tempo é libertador saber que essa lista limitada é algo que somos capazes de gerenciar e em que focar.

3. **Viver com Arete**
   Arete é frequentemente traduzido como "excelência" ou "bondade", mais especificamente, neste contexto, a excelência que surge ao seguirmos as Quatro Virtudes — Sabedoria, Justiça, Coragem e Moderação. Observando essas Virtudes, os estoicos acreditavam que você estaria se colocando naturalmente no caminho da eudaimonia, pois, ao incentivar a Sabedoria, a Justiça, a Coragem e a Moderação na sua própria vida (e na vida daqueles que o rodeiam), você descobriria a paz interior e a felicidade que acompanham o crescimento humano natural.
   Há uma parábola clássica na qual Hércules, o grande herói grego, chega a uma encruzilhada. Então,

ele é convidado por duas deusas a escolher entre os caminhos delas. A deusa do vício, Kakia, promete a ele uma vida fácil e agradável, enquanto a deusa da virtude, Arete, oferece uma vida difícil mas gloriosa. É claro que Hércules, como qualquer grego que se preze, escolhe Arete e sofre imensas dificuldades antes de alcançar a condição de semideus. Mas essa história nos diz que há dois mil anos os filósofos já compreendiam que aquilo que é fácil geralmente não é o melhor.

O pesquisador de sustentabilidade e estoicismo Kai Whiting acredita que, como estoicos, temos o dever de trabalhar pelo ideal de prosperidade humana. Embora seja semelhante à aspiração budista pelo Nirvana, que é frequentemente vista como liberdade do ciclo de renascimento ou libertação espiritual, o Nirvana é uma meta a ser (ou não) alcançada depois de talvez muitas vidas de esforço. Mas a eudaimonia é um caminho a ser acessado imediatamente. Não depois de muitas vidas, mas *agora*.

A eudaimonia estoica começa no momento em que você entra nesse triângulo. Não é preciso ter aperfeiçoado as Quatro Virtudes. Não é preciso nem mesmo ter uma aceitação perfeita sobre o que pode e o que não pode ser controlado. E também não é necessário assumir a responsabilidade por todos os aspectos da própria vida. Você só precisa decidir começar a seguir as ideias da eudaimonia para seguir em frente. Eu comparo isso a um raio de luz dourada: não está a quilômetros de distância, não são vidas inteiras de aprendizado. É possível entrar nele agora mesmo e ficar mais forte só por estar dentro dele. E, quanto mais permanecermos nesse feixe de luz, melhor vamos trabalhar nas três ações.

O prazer que obtemos com a busca dos nossos desejos só pode existir quando o objeto do desejo está presente, e, mesmo na presença do nosso desejo, o prazer pode diminuir, e assim o desejo cresce. Não podemos contar com coisas externas para a felicidade, porque quando as coisas externas desaparecem o prazer que elas proporcionam também desaparece. No entanto, quando confiamos em coisas que são nossas, como a sabedoria, a razão, a integridade e o amor à verdade, por natureza, essas coisas não podem ser roubadas de nós. Elas são nossas. Não é sábio confiar em nada que possa ser dado ou tirado de nós.

Marco Aurélio, além de ser o autor das *Meditações*, foi um imperador romano. Ele tinha enorme riqueza e poder e pouca necessidade de se privar de qualquer coisa, mas, graças ao estudo do estoicismo, ele reconhecia que não estava em melhor posição do que seu precursor na filosofia, Epicteto, que havia nascido anos antes na escravidão. De acordo com os princípios estoicos, na verdade Epicteto tinha maior acesso à eudaimonia porque possuía menos riqueza. Os filósofos reconhecem que a fama e a fortuna podem, na verdade, dificultar nosso caminho por causa das tentações da abundância, da ganância e do excesso. Não seria muito mais fácil Marco Aurélio se desviar da Moderação e da Justiça tendo todo o ouro, vinho, joias e poder que ele pudesse imaginar? Mas caráter tem a ver com as coisas que você controla — não com a aparência, a família, ouro, vinho e poder, nem com seu número de seguidores ou com as curtidas nas redes sociais. Essas são coisas superficiais que na verdade têm a ver com sorte mais do que qualquer outra coisa, mas o caráter é algo em que passamos todos os dias trabalhando e tentando melhorar; então, um bom caráter é verdadeiramente admirável, porque ele ficou assim *unicamente* por causa de suas próprias escolhas e ações.

Acredito que isso nos liberta para realmente aceitarmos essa ideia em um nível profundo. Ver milionários e bilionários em jatos particulares, casas enormes, carros elegantes e em constantes férias tropicais pode acabar conosco. Como competir com isso? Na verdade, é claro que não podemos competir — e não precisamos. Por mais ridículo que pareça, no fundo deveríamos sentir pena. Alguns estão se divertindo muito, mas estão a um milhão de quilômetros de viver uma vida boa. Seus dias podem ser repletos de riqueza e conforto, mas que lacuna esas pessoas estão tentando preencher em suas vidas com todo esse excesso? Que pessoa rica já disse que dia após dia de luxo descontrolado a fazia se sentir mais feliz, mais realizada e mais em paz? Seja por causa da disparidade extrema entre a renda dessa pessoa e a da grande maioria da população ou das atividades que ela está realizando de verdade para obter o dinheiro, não parece muito ético.

As "curtidas" e a atenção que essas pessoas ganham ao viver e divulgar seus dias de luxo são muito passageiras e só vão gerar mais necessidade para elas — necessidade de mais atenção, de mais luxo, de mais exclusividade. Realizar desejos só as deixa vazias, porque todos os esforços as levam a um lugar onde não há nada que possa nutrir a mente ou o espírito. Prazer não é o mesmo que felicidade. Por natureza, o prazer é algo que passa rápido, e a busca por ele é vazia, porque o prazer é vazio; só nos faz sentir melhor por um breve momento. É uma montanha-russa, que oferece grandes altos e depois nos lança em baixos esmagadores, e nesses momentos só conseguimos pensar no próximo pico — seja o super-rico em busca de um superiate ainda maior ou um trabalhador comum vivendo o excesso das noites de fim de semana. O prazer não oferece constância, só uma corrida interminável para alcançar uma coisa que não existe de verdade.

Enquanto isso, nós podemos enfrentar dificuldades financeiras que os super-ricos nem são capazes de imaginar, mas o outro lado é que temos maior clareza e menos distrações do triângulo da eudaimonia. A paz interior é a única coisa que traz felicidade de maneira consistente.

Conheci o mestre Shi Heng Yi há alguns anos, depois de sua palestra no TED sobre autodescoberta. Ele cresceu na Alemanha, filho de pais vietnamitas, e estudou Kung Fu e Qi Gong no Templo Shaolin. Depois de concluir vários cursos universitários, Shi desejou continuar com a disciplina Shaolin e fundou o Templo Shaolin Europa em Otterberg, na Alemanha. Entrei em contato com ele para conversar sobre a ideia de um filme que a nossa empresa gostaria de compartilhar.

Quando visitei o Templo Shaolin na Alemanha, Shi Heng Yi conversou comigo durante horas, falando com facilidade e longamente sobre muitas ideias diferentes a respeito de desenvolvimento mental, crescimento espiritual e a união do corpo e da mente. Mesmo dizendo que nunca tinha ouvido falar de estoicismo, ele reconheceu que muitas ideias Shaolin e estoicas ecoavam entre si. Em nossa conversa, ele me explicou que, apesar de suas vestes, do discurso eloquente e do fato de os outros julgarem que ele está no topo da hierarquia dentro do Templo, na hora de dormir ele tira tudo e toma banho como qualquer outra pessoa. Por trás do modo como nos apresentamos ao mundo, todos somos simplesmente o nosso caráter, completamente iguais por dentro. Mais tarde ele nos levou para conhecer a sala do santuário no templo, um lindo espaço decorado com velas e uma grande estátua dourada de Buda. Ficamos observando enquanto todos se alinharam diante da estátua e se curvaram, colocando o rosto no chão e recitando mantras. Depois, o mestre Shi Heng Yi me disse: "O Buda é feito de plástico. Esse exercício serve para nos lembrarmos de sermos humildes, de que nenhum de nós é especial demais para se curvar diante de um pedaço de plástico, não importa a nossa posição na sociedade ou no Templo". Mesmo dentro daquele templo, na sala do santuário, com o mestre Shaolin, todos nós éramos iguais. Não consegui imaginar que era possível encontrar a mesma paz e respeito na vida de alguém dedicado a acumular poder e riqueza. Na verdade, as taxas mais elevadas de depressão, ansiedade e automutilação em todas as suas formas aparecem nos países mais ricos. A psiquiatra e especialista em dependência de opiáceos Anna Lembke afirmou que as nações mais ricas do mundo "sobrecarregaram as vias de recompensa dos nossos cérebros com excesso de dopamina", o que significa que a falta de dificuldade para encontrar coisas boas — seja uma árvore cheia de frutos, uma distração, um novo estímulo — nos leva a estar constantemente ajustando o "normal" do nosso cérebro para cima. Em um nível neurológico e muito real, quanto mais temos, mais difícil nos parece sermos felizes com o que possuímos, porque nossos cérebros se ajustam a esse nível de conforto e nunca "baixam" com qualquer uma das dificuldades evolutivas normais de obter frutas frescas, distração ou estímulos. Com esse acesso constante e fácil a recompensas de alta potência, "estamos todos mais infelizes, mais ansiosos, mais deprimidos, mais irritados, menos capazes de nos alegrarmos com coisas que antes nos davam alegria ou que deram alegria às pessoas por muitas gerações, e também [nos tornamos] mais suscetíveis à dor". A tecnologia moderna moldou nossos cérebros, por isso é cientificamente mais difícil sermos felizes quando a usamos.

Quando meus irmãos e eu começamos a tentar montar nosso negócio, o escritório no sótão da casa da nossa mãe era muito simples, e nós trabalhávamos por muitas horas. Tínhamos sonhos bem claros sobre o que queríamos: comprar nosso próprio estúdio, com espaços para fazer filmagem e edição. Trabalhamos muito e acabamos tendo sorte suficiente para conseguirmos comprar o estúdio. Depois dedicamos muito tempo para deixá-lo exatamente como queríamos; até quadras de basquete ele tinha. Foi literalmente um sonho que se tornou realidade. Passei um dia aproveitando tudo, e acabei experimentando a sensação esmagadora de que, depois de todo aquele trabalho, conseguir o que queríamos não era, na verdade, a resposta para tudo.

Quanto mais desejamos, mais admitimos para nós mesmos que o que temos agora não é suficiente. Se você adquirir o hábito dessa mentalidade, conseguir o que deseja não será suficiente para você. Naquele dia, eu soube exatamente o que isso significava. Antes eu pensava que aquele estúdio era tudo de que eu precisava para ser verdadeiramente feliz e acreditava que não seria feliz até que o tivesse. Infelizmente, eu também não ficaria feliz quando o tivesse, porque "conseguir" muito raramente é a solução, não importa o que consigamos. Nós havíamos alcançado o objetivo, mas perdemos a esperança que tínhamos de que aquela "coisa" resolveria tudo. E não resolveu, porque nada é capaz de resolver tudo.

EXERCÍCIO

Pensando nas Quatro Virtudes, o quanto você acha que as segue no seu dia a dia?
— Você consegue aumentar sua própria Sabedoria ou seu respeito por ela nos outros?
— Você consegue aperfeiçoar suas ações diárias em relação à legitimidade e ao seu apoio à justiça no mundo?
— Você consegue fortalecer a sua Coragem, seja no trabalho, nos relacionamentos, em relação aos próprios objetivos ou para apoiar um estranho?
— Você consegue pensar em Moderar sua vida — aproveitando as oportunidades, mas não muito, experimentando algo novo, mas mantendo uma sensação de estabilidade?
Você sente uma mudança na sua vida depois de manter essas coisas em mente todos os dias durante uma semana? Você acha que o seu caminho tende para a eudaimonia?

O bem-estar é alcançado em pequenos passos, mas realmente não é pouca coisa.
— ZENO

Mas qual é o sentido de tudo isso se eu nunca alcançar a perfeita eudaimonia? A diferença entre este e muitos outros caminhos de esclarecimento é que este não é necessariamente um destino final que nós, como estoicos, almejamos. Trata-se de um triângulo no qual podemos permanecer — talvez estejamos mais perto das bordas, talvez estejamos em um único canto ou talvez tenhamos realmente estudado o estoicismo ou tenhamos uma tendência natural para essas filosofias e estejamos nos direcionando para o centro do triângulo. Vai acontecer de cometermos erros, de fazermos julgamentos, de sermos gananciosos e injustos em um dia ruim, mas nada disso significa que teremos desfeito o bom trabalho anterior. Não precisamos adiar o início porque ainda não conseguimos ser perfeitos. É uma prática, um hábito que desenvolvemos todos os dias quando nos envolvemos com os princípios estoicos e quando usarmos as Quatro Virtudes como ferramentas para encorajar nossas próprias rotinas positivas em vez de um objeto a "conquistar".

E o melhor do estoicismo é que ele não beneficia apenas a nós, como filósofos. Ele beneficia a todos. Ter foco na eudaimonia é fazer todos os seres humanos florescerem; não é autocuidado, mas cuidado universal, incentivo à conexão, educação, empatia e generosidade.

Estou sempre na internet trabalhando duro para espalhar a mensagem estoica, mas, como qualquer pessoa da internet pode confirmar, simplesmente estar na internet significa receber mensagens negativas que seria possível evitar se você trabalhasse com outra coisa. Às vezes recebo mensagens diárias de ódio, comentários públicos ou mensagens diretas com observações tóxicas sobre meu trabalho e sobre a minha pessoa. Antes a raiva e a crítica alheias me deixavam abatido durante semanas. Agora eu uso a ética da Virtude — a orientação das Quatro Virtudes — para moldar minhas ações, para me envolver com essas pessoas, para tentar entendê-las e oferecer apoio. Se eu acredito que elas sofram de cegueira moral nessa área específica (que considerem não haver problema em enviar mensagens a alguém falando dessa forma), parte do meu estoicismo me torna responsável por me envolver com elas e ajudá-las.

Nem sempre é fácil, mas quando estou com dificuldades eu trato a situação como um jogo, para transformar a mensagem dessas pessoas em algo positivo, para interagir com elas com gentileza de um modo que as faça se sentirem melhor. O que surpreende muito não é o quanto esse método me faz sentir melhor — o que realmente acontece —, mas quantas dessas pessoas voltam com um pedido de desculpas, uma explicação sobre seu comportamento e uma aceitação do princípio estoico que usei na minha mensagem. Quando recebo essas respostas, fico feliz em continuar. Hoje eu sinto que, quanto pior é a mensagem, mais entusiasmado fico com o desafio. A pessoa está dizendo algo verdadeiro? Posso ajudá-la a se sentir melhor? Algo que antes era horrível para mim agora é agradável.

•∗•

> Você sabe por experiência própria que, em todas as suas jornadas, não encontrou a vida boa em lugar nenhum — nem na lógica, nem na riqueza, nem na glória, nem na destemperança: em lugar nenhum. Onde então ela pode ser encontrada? No fazer o que a natureza humana exige. E como conseguir isso? Tendo princípios para governar seus impulsos e ações. Quais são esses princípios? São os princípios do bem e do mal — a crença de que nada é bom para um ser humano se não o tornar justo, autocontrolado, corajoso e livre: e nada é mau se não o tornar o oposto disso.
> — MARCO AURÉLIO

Somos criaturas especiais e muitas vezes não percebemos o quanto somos engenhosos, fortes e cheios de potencial. Segundo o estoicismo, tudo de que precisamos em termos mentais, emocionais e espirituais está dentro de nós.

Na verdade, queremos o que é bom para nós. Embora possamos ter desejos ou vícios em açúcar, drogas, álcool ou qualquer coisa que em excesso seja ruim para nós, nossas mentes estão constantemente buscando um caminho intermediário que siga as Quatro Virtudes, e quase todos nós naturalmente nos sentimos melhor quando estamos tentando ser justos, moderados, corajosos e sábios. Existem constantes pressões e distrações externas que tentam nos afastar da eudaimonia, mas essa é a escolha que somos livres para fazer: um caminho de positividade, em que a nossa prática torna melhor a nossa vida e a vida daqueles ao nosso redor, em que vivemos o presente e aproveitamos cada momento, ou um caminho de vício — ignorância, injustiça, covardia e destemperança.

Os estoicos entendiam que existe o bem — as Quatro Virtudes — e o mal — os Quatro Vícios — e que todo o resto é simplesmente a Indiferença, que deve ser exercida de um modo que corresponda aos Vícios ou às Virtudes. Assim, a riqueza em si não é ruim, mas como você a conseguiu? Como você a mantém ou a desenvolve? Como você usa essa riqueza? Da mesma forma, uma boa saúde não é necessariamente "boa" — e quanto à boa saúde de um terrível ditador? Ou o corpo forte de um parente idoso em terrível declínio mental, que deseja não mais viver sua deterioração? Nunca poderemos ter Sabedoria, Coragem, Justiça e Moderação demais. Por definição, elas são positivas para todos. E, quando trabalhamos diariamente no triângulo da eudaimonia, o hábito nos molda cada vez mais na direção dessas Virtudes, de modo que, se tudo nos fosse tirado (dinheiro, nome, emprego, família, casa), ainda teríamos esses hábitos, e a liberdade para escolher um caminho de Arete. Desse modo, todos esses diferentes aspectos da nossa vida, os fatos indiferentes que existem para serem transformados em algo bom ou ruim, nós podemos decidir exatamente como vamos usar.

Com a eudaimonia, cada dia é um caminho para a positividade, não uma corrida para um objetivo final, um caminho que incentiva melhores práticas de vida e mais felicidade. Não é isso que todos queremos, no fim das contas?

> **EXERCÍCIO**
> Lembrando-se de Hércules na encruzilhada, como você pode escolher o caminho de Arete?
> Vejamos o exemplo do uso do seu celular. Se você reduzir pela metade — ou mais — o tempo que passa com ele, quão diferente sua vida ficará em um dia, uma semana, um ano?
> Se pudesse, agora mesmo, ver duas versões de si mesmo daqui a dez anos — a que seguiu o caminho do prazer e a que seguiu a estrada rumo à eudaimonia —, você acha que poderia perceber instantaneamente a diferença entre elas? Quais você acredita que seriam essas diferenças?
> Depois de um único dia fazendo escolhas na direção de Arete, quão diferente você se sente?

RESUMINDO
Todos somos iguais sob o olhar do estoicismo.
Viva dentro do triângulo de três pontos: responsabilidade, aquilo que podemos controlar e a busca pelas Quatro Virtudes. Explore o caminho que incentiva nosso próprio florescimento e o dos outros.

CAPÍTULO 4

Literalmente não consigo fazer nada

ou A visão estoica em um mundo caótico

É fácil acreditar que o mundo é um caos. As notícias acontecem mais rápido do que podem ser relatadas, grandes eventos podem parecer fora de controle, e internet e redes sociais conectadas 24 horas por dia, 7 dias por semana, podem nos dar a sensação de que nunca vamos controlar tudo o que poderíamos ou deveríamos. Nosso cérebro está funcionando em alta velocidade, absorvendo mais imagens e palavras diariamente do que poderíamos ter visto anteriormente em uma semana ou mesmo em um mês. Podemos ter conexões sociais com pessoas do mundo inteiro que nunca vimos na vida real e com familiares próximos com quem só nos comunicamos através de um bate-papo na tela.

Mas há dois mil anos os filósofos estoicos já compreendiam que o caos é apenas uma percepção humana. É como podemos escolher — ou não — nos envolvermos com tudo o que nos rodeia. Sendo estoico, você pode ser encorajado pelo *Amor Fati* — uma expressão latina que pode ser traduzida aproximadamente como "amor ao destino", a ideia de que não podemos mudar o que acontece conosco, então nos resta tirar o melhor proveito disso. Esse princípio fundamental da filosofia estoica propõe que o mundo será como será e quase nada dele pode ser controlado pelas nossas escolhas.

•*•

Aqui estão algumas coisas que podemos controlar:
— Nossas opiniões e preferências;
— Nossas ações e escolhas;
— Nossos desejos e motivações;
— Nosso caráter.

Estas são as coisas que não podemos controlar:
— Coisas que aconteceram no passado;
— Coisas que foram feitas por outras pessoas;
— Desastres naturais e acidentes;
— As decisões dos outros;
— Todos os outros eventos, situações e ocasiões externos.

À primeira vista, isso pode parecer assustador ou desanimador. Só que, quanto mais pensamos a respeito, mais reconfortante fica. O grande escritor americano Mark Twain disse uma vez: "Tive muitas preocupações na vida, a maioria das quais nunca aconteceu". Quantas vezes você se preocupou com alguma coisa e, no final, foi tão ruim quanto você temia ou não tão ruim quanto temia? Ficar preocupado diminuiu seu sofrimento de alguma forma? Ou você sofreu o dobro se preocupando com alguma coisa que estava fora do seu controle? Quando compreendemos tudo o que não podemos controlar, nos libertamos para dedicar energia àquilo que podemos.

Aqui estão três maneiras de encarar a mesma filosofia de Amor Fati:

Você tem poder sobre sua mente — não sobre eventos externos. Perceba isso, e você encontrará força.
— MARCO AURÉLIO

Não podendo governar os acontecimentos, eu governo a mim mesmo, e, se eles não se adaptam a mim, eu me adapto a eles.
— MICHEL DE MONTAIGNE

O homem não se preocupa tanto com problemas reais quanto com suas ansiedades imaginadas sobre problemas reais.
— EPICTETO

EXERCÍCIO

Faça uma lista de todos os eventos com os quais você se preocupou recentemente.

_____

_____

_____

_____

_____

_____

_____

_____

Sua preocupação ajudou ou prejudicou você? Se você aceita que os eventos acontecem como o universo determina, quanto poder isso dá à sua mente e aos seus sentimentos?

No estoicismo, falamos sobre a ideia de *sympatheia*, a crença de que todos estamos unidos pela nossa natureza e pela nossa existência e que existimos como um todo maior e único. Seja lá como for que você escolha ver isso (destino, plano de Deus, vontade de Zeus ou se baseando em qualquer outra estrutura filosófica ou religiosa), na essência a ideia central simples é a de que aceitar nossa vida como ela realmente é significa viver em paz. Embora no estoicismo possamos fazer referência a deuses, ou a Deus, ou ao destino, você pode não acreditar em nada disso, mas isso não muda o fato de que amanhã podemos acordar com frio e chuva. Não importa se você acredita que um deus ou uma série complexa de padrões climáticos em todo o mundo fez a chuva, o fato é que vai estar chovendo. Vai ser algo entregue assim, e a única coisa que podemos fazer é aceitar o que recebemos e compreender que as coisas acontecem exatamente e apenas como acontecem.

Há uma fala comumente atribuída a Zenão: "Quando um cachorro é amarrado a uma carroça, se ele quiser segui-la, será puxado e seguirá, fazendo seu ato espontâneo coincidir com a necessidade. Mas, se o cão não seguir a carroça, será obrigado a fazê-lo de qualquer maneira. O mesmo acontece com os homens: mesmo que não queiram, serão obrigados a seguir o que está em seu destino".

Então, como vamos decidir nos comportar hoje? Será este o dia em que vamos deixar de ser arrastados e começar a caminhar? Já que não temos como parar ou mesmo desacelerar a carroça, por mais difícil que seja admitir isso, andar junto com a carroça muda a nossa vida de que modo? Crisipo, o terceiro líder da escola estoica, comparou nossa vida potencialmente fadada a um cilindro ou um cone. Se praticarmos o estoicismo e perseguirmos as Quatro Virtudes, poderemos nos tornar cilindros, indo suavemente para onde a vida nos leva e experimentando coisas novas. Caso contrário, somos como cones, empurrados pelos deuses ou pelo destino, mas sempre circulando no mesmo terreno, sem experimentar nada de novo, sem sentir progresso algum, nos perguntando por que nada parece mudar de verdade.

Se aceitarmos que temos muito pouco controle sobre o mundo, podemos, com a prática, ser gratos pelo fato de o mundo ter sido predeterminado e seremos capazes de nos concentrar no pequeno controle que realmente temos. Os acontecimentos são momentos passageiros, mas o controle que podemos exercer sobre nosso caráter e nossas escolhas é obra de uma vida virtuosa. Zenão, quando seu navio naufragou e a riqueza de uma vida inteira desapareceu num instante, não inventou o Amor Fati. É um aspecto simples da humanidade que podemos optar por desenvolver em nós mesmos, uma escolha prática que temos de descobrir para encorajar as ideias simples do estoicismo que vão melhorar nossas vidas de várias maneiras.

O mundo não precisa acontecer para nós, mas pode acontecer por nós, para o nosso desenvolvimento e crescimento. Ele despeja tudo em cima de nós, sem esperar que estejamos prontos, simplesmente acontecendo continuamente todos os dias. No entanto, se começamos a pensar na vida como material (pregos e madeira, tijolos e parafusos), podemos fazer uma escolha consciente entre recuar diante do que chega até nós ferindo e machucando ou recolher esse material e construir uma vida com ele. Se você decide se afastar desse material, não apenas perde a oportunidade de construir algo novo como essas coisas serão obstáculos ativos no seu caminho, fazendo você tropeçar e o prejudicando, apesar dos esforços para ignorá-los ou fugir deles.

A ansiedade é real — eu sei, já sofri com ela e busquei tratamento no passado. Mas também depende de nós quanto tempo e espaço dedicamos a ela. Quando opto por me concentrar naquilo que está ao meu alcance, descubro que me preocupo muito menos e dou ao meu cérebro o espaço necessário para respirar e ter pensamentos melhores e mais claros. Não ajo mais por medo ou pânico; em vez disso, deixo de lado a ilusão do controle e me dou mais controle sobre as coisas que realmente importam: meus pensamentos, meus sentimentos e minhas ações. Como observou o escritor Kamal Ravikant: "A maior parte da nossa dor, a maior parte do nosso sofrimento vem da resistência ao que é. A vida é. E, quando resistimos ao que a vida é, sofremos. Quando puder dizer sim à vida, entregue-se a ela e diga: 'Muito bem, o que eu devo ser agora?' É daí que vem o poder". Se conseguirmos aceitar o que realmente é e interromper nossa resistência à verdade, essa é a verdadeira batalha, a batalha interior, não uma batalha com o mundo, porque o mundo continua, independentemente dos nossos sentimentos em relação a ele.

Está puramente dentro de nós lutar contra o mundo que vai acontecer de qualquer maneira, com nosso ego, nossas histórias e nossos preconceitos.

No dia a dia, a maioria de nós pode experimentar a turbulência mental devido a eventos e comportamentos que podem parecer pequenos para alguém que não os vivencia, mas quando estão em nossa própria vida podem resultar em uma sensação de que essa vida é desagradável, perturbadora ou até mesmo insuportável. Pessoas em nosso trajeto para o trabalho que ouvem música barulhenta, que comem coisas com cheiro forte ou que conversam muito alto. Pessoas na academia que deixam toalhas jogadas por todo lado ou que monopolizam os aparelhos. Pessoas que andam muito devagar na rua ou que puxam malas em uma calçada lotada; aquelas que demoram demais para encontrar o cartão na hora de pagar ou que chegam ao balcão de atendimento sem saber o que querem pedir. Basta pensar nessas coisas para ficar estressado.

Assim como acontece com tantas outras coisas, os estoicos haviam pensado nisso. No *Manual* de Epicteto, um compilado de conselhos estoicos reunido por um de seus alunos, ele disse: "Se você pretende se envolver em qualquer atividade, lembre-se da natureza dessa atividade. Se vai tomar banho, imagine o que acontece nos banhos: os respingos de água, a aglomeração, as gritarias, os roubos". Mesmo na Grécia do século II, os espaços públicos viviam cheios de pessoas exibindo comportamentos que incomodavam os outros, porque, no mínimo, as pessoas são sempre pessoas e sempre vamos ser incomodados pelos hábitos uns dos outros. Mas será que conseguimos encontrar um jeito de não ficar irritados? O quanto serão diferentes os nossos dias se sairmos da cama todas as manhãs conscientes do quanto a humanidade nos incomoda? Não se trata de ignorar os hábitos de que não gostamos ou de nos comportarmos pior do que os outros porque todos os comportamentos deveriam ser aceitáveis como parte da natureza humana. Em vez disso, se nos prepararmos mentalmente a cada dia com a aceitação de que essas coisas acontecem, sempre aconteceram, sempre acontecerão, e de que a irritação que sentimos por causa delas só serve para nos deixar com raiva, vamos conseguir vivenciar cada momento do nosso dia de um jeito muito diferente. É a perturbação do nosso senso de identidade e de "correção" que incomoda nesses momentos: não é assim que faríamos as coisas, nem como achamos que é certo fazê-las. Só que, se entrarmos num café já preparados para enfrentar pessoas que falam alto, que demoram para fazer seus pedidos e que se atrapalham com a carteira, essas ações externas de repente vão deixar de nos irritar.

Também conversei sobre essas ideias com o Mestre Shi Heng Yi no Templo Shaolin na Europa, comentando que pode ser perturbador encontrar estranhos que não se comportam da maneira como nossa moral e nossas crenças ditam como "corretas". Ele me perguntou: "A pessoa mais próxima de você... às vezes ela consegue surpreendê-lo com suas ações?". Pensei na pergunta e concordei; de vez em quando minha companheira ainda me surpreende. "E as pessoas mais próximas de você também o surpreendem com o que podem fazer ou dizer?". Concordei novamente; familiares ou amigos que eu conhecia havia anos ainda faziam coisas pelas quais eu não esperava. O mestre olhou para mim e perguntou: "Então por que você fica tão surpreso com o comportamento de estranhos, que você não conhece nem entende?". Era uma perspectiva que eu nunca tinha assumido antes. É claro que o mundo vai estar cheio de tensões perturbadoras e incômodas se esperarmos vivenciar apenas situações que correspondam à experiência de viver dentro da nossa cabeça, com nossas próprias escolhas, preferências e hábitos.

Em suas *Meditações*, Marco Aurélio diz: "Seria absurdo ficar surpreso com uma figueira que produzisse figos. Lembre-se de que há poucos motivos para surpresa se o mundo produzir frutos como esses na hora da colheita". Não deveríamos ficar tão chateados com o fato de o mundo produzir os mesmos frutos que sempre produziu. Esses comportamentos não são novos, mas reagimos como se nunca pudéssemos imaginar que nos depararíamos com eles toda vez que saímos de casa.

Nosso mundo interior pode parecer o jeito "certo" de fazer as coisas. Mas, claro, não é o jeito certo — é certo apenas para nós, por enquanto. Quando conseguimos aceitar isso e compreender que cada pessoa tem o mesmo conflito entre o jeito interior "correto" como o mundo deveria ser e a realidade de milhões de pessoas que fazem escolhas diferentes, esse conflito desaparece. O atrito não existe mais, porque nosso foco deixou de ser o incômodo com essa diferença e passou a estar em mantermos o caráter em um mundo cheio de pressões externas. Não podemos escolher como as outras pessoas se comportam; só podemos escolher como reagimos a elas.

> **Não espere que os eventos aconteçam como você deseja, mas que aconteçam como acontecem, e sua vida transcorrerá bem.**
> — EPICTETO

Existe uma famosa fábula chinesa sobre um fazendeiro e seu cavalo. O fazendeiro e a família viviam perto da fronteira de territórios em guerra e dependiam do cavalo para fazer o trabalho pesado na fazenda. Um dia, o cavalo fugiu, e os vizinhos se reuniram para apresentar suas condolências, sabendo que seria uma grande perda para o agricultor. Mas ele simplesmente respondeu: "Bem, não sabemos se isso não foi para melhor".

Pouco depois, o cavalo voltou, e atrás dele vinha uma égua selvagem que não saía do lado do cavalo. Os vizinhos se reuniram novamente para parabenizá-lo pela sorte. Mas o fazendeiro disse: "Bem, não sabemos se isso não foi para pior".

O filho do fazendeiro adorava cavalgar e diariamente levava a égua selvagem para passear. Certa manhã, o filho caiu do cavalo, quebrou a perna e ficou muito tempo sem andar. Os vizinhos o visitaram mais uma vez, lamentando

com o pai o terrível acontecimento. Mas o fazendeiro respondeu: "Bem, não sabemos se isso não foi para melhor".
Pouco tempo depois, a guerra eclodiu na fronteira. Todos os jovens da região foram recrutados para lutar, e centenas foram mortos nas batalhas. Mas o filho do fazendeiro foi deixado para trás e poupado por causa da perna quebrada.

O agricultor compreendia: nada é objetivamente bom ou ruim. Devemos aceitar o que acontece e não lamentar ou comemorar muito por qualquer acontecimento, porque não sabemos aonde o universo nos levará a seguir. Os presentes nem sempre são uma coisa boa; os problemas podem não ser tão ruins. A aceitação é a única maneira de lidar com tudo o que nos acontece todos os dias.

> **EXERCÍCIO**
> Olhando de cima
> Sente-se em um espaço confortável e feche os olhos. Em sua mente, visualize a si mesmo no seu quarto. Em seguida, visualize sua casa ou apartamento e abra novamente o zoom para toda a rua. Continue abrindo o zoom: sua região, seu país, seu continente, indo mais e mais para cima, acima da Terra, no sistema solar, o mais longe possível no universo.
> Permita-se refletir por um momento sobre quão insignificante você é, uma minúscula partícula no universo. A maior parte do universo nunca saberá

> que qualquer um de nós viveu ou morreu — quantos dos seus problemas são algo além de incômodos ou reclamações temporários? Você consegue desenvolver uma nova perspectiva sobre as coisas que o estão incomodando?

Quando meus irmãos e eu começamos nosso negócio, trabalhando no sótão da nossa mãe, sem garantia de sucesso e sem ganhar nada, tínhamos enxaquecas constantes e dores de cabeça tensionais. Naquela casa lotada com sete irmãos, os horários e a pressão nos deixavam doentes, as tarefas sempre pareciam impossíveis e às vezes achávamos que não daríamos conta. Mas eu tirava cinco minutos do meu dia para sentar num canto tranquilo e fazer esse exercício, e isso sempre colocava nossas dificuldades em perspectiva. Tarefas que pareciam impossíveis eram, na verdade, apenas passos no caminho que havíamos escolhido, e tínhamos sorte de estar nele.

Mas e quando estamos no nosso caminho mas não chegamos aonde queremos? Talvez, mesmo trabalhando muito, não tenhamos conseguido a casa que queríamos, nem as férias, nem aquela pequena coisa que nos faria felizes se a conquistássemos. Diógenes foi um famoso filósofo cínico, um precursor das ideias estoicas, e era célebre por ficar nu num grande barril de vinho no mercado e por usar sua vida simples para criticar o que considerava uma sociedade corrupta. Sua única posse era uma tigela de madeira, que ele destruiu quando viu um menino beber de suas mãos em concha, exclamando: "Tolo que sou por ter carregado bagagem supérflua todo esse tempo!". Uma história conta que Alexandre, o Grande, criador de um dos maiores impérios da história, visitou Diógenes. Alexandre ficou encantado por conhecer um filósofo tão ilustre e perguntou a ele se poderia fazer algum favor ao homem sem posses. Diógenes respondeu: "Sim, saia da frente da luz do sol". Alexandre então lhe disse: "Se eu não fosse Alexandre, desejaria ser Diógenes". Ao que Diógenes respondeu: "Se eu não fosse Diógenes, também desejaria ser Diógenes". Ele reconheceu que Alexandre, o homem mais rico do mundo e comandante de milhares de pessoas, ainda tinha desejos que o moviam e que, apesar de todas as posses e todo o poder, sempre ficaria para trás em suas conquistas, nunca satisfeito com o que o universo lhe dera. Mas Diógenes, nu em um barril de vinho, bebendo com as mãos, só queria tirar um cochilo embaixo do sol. Ele tinha tudo o que poderia desejar.

Mais do que isso: quem somos nós para saber o que é certo para nós a qualquer momento? O Dalai Lama disse: "Lembre-se, às vezes não conseguir o que desejamos é um maravilhoso golpe de sorte". Assim como o agricultor da fábula, não sabemos o que é bom ou ruim para nós, qual desastre pode levar a algo maravilhoso e qual boa sorte pode ser uma maldição. E, se os acontecimentos não se transformarem em algo inesperado, talvez qualquer dificuldade seja exatamente o que nos levará a nos desenvolvermos e fortalecermos como pessoas. Albert Camus disse: "No meio do inverno, descobri que havia, dentro de mim, um verão invencível", e Fiódor Dostoiévski escreveu: "Quanto mais escura a noite, mais brilhantes são as estrelas". Há dois mil anos, o filósofo Sêneca reconheceu a importância das dificuldades para uma vida melhor, escrevendo: "*Nenhum homem é mais infeliz do que aquele que nunca enfrenta adversidades, pois ele não tem permissão para provar seu valor*". As bênçãos e os sofrimentos da vida devem ser tratados da mesma forma: como estados impermanentes pelos quais passamos para polir nosso caráter e melhorar a nós mesmos. Com a perspectiva certa, perder algo que desejávamos pode vir a ser a melhor coisa que já nos aconteceu (se você estiver passando por dificuldades agora, lembre-se disso).

Portanto, a mentalidade estoica é aquela em que adotamos uma atitude que tira o melhor proveito de tudo o que acontece e de tudo o que temos. Se o controle externo é uma ilusão, devemos aproveitar o momento em que nos encontramos para tirar o melhor proveito dele. O passado já aconteceu e não pode ser mudado, e o futuro ainda não está acontecendo, portanto também não pode ser alterado. Podemos passar horas todos os dias nos preocupando com essas duas coisas (os erros que cometemos, os arrependimentos que temos, as escolhas que poderíamos ter feito de forma diferente; as dificuldades que podemos vir a enfrentar, as perdas que podemos vir a sofrer, as humilhações que poderemos experimentar), mas nada disso é "real". O arrependimento é apenas nosso modo de arrastar um erro do passado para o futuro, e o medo é uma dor que imaginamos que precisamos sentir.

O passado e o futuro não podem ser afetados pelas coisas que controlamos, pelas nossas próprias ações no momento, por isso podemos aceitá-los e viver de acordo com os princípios do estoicismo ou continuar sofrendo por coisas que não são tangíveis ou verdadeiras na realidade.

Todo o futuro está na incerteza: viva imediatamente.
— SÊNECA

Lembranças podem ser moldadas. Com que frequência uma nova compreensão ou descoberta fez você olhar para uma lembrança de um jeito diferente? Algo doce tornou-se amargo com um novo conhecimento, ou uma lembrança desagradável ganhou um aspecto mais suave quando compreendemos melhor determinada situação? O evento não mudou, apenas os nossos *sentimentos* em relação a ele. Então, por que aceitar que devemos ser constantemente reféns de lembranças que nos fazem sofrer por coisas que são passadas, imutáveis e objetivamente fora do nosso controle? Por que não aprendemos a aceitar os sentimentos apenas como isso, sentimentos, e deixamos de considerar que a nossa dor é uma verdade sobre o universo para carregar até o dia da nossa morte?

Nosso futuro também pode parecer opressor. Nosso trabalho, amigos e familiares, nossas esperanças e nossos planos, sem falar nos conflitos e nas dificuldades nos noticiários do dia: quanto pesa cada uma dessas coisas em nossa mente? Somos capazes de viver uma vida "boa" estando dominados por medos e ansiedades em relação ao futuro? Por que não reconhecer que essas ansiedades também não são "reais"? Eventos podem acontecer ou não. O pouco que fizermos é capaz de mudar grande parte do rumo que o mundo vai tomar. Podemos ser controlados pelos nossos pensamentos ou aceitar a visão estoica do Amor Fati e nos concentrarmos no momento único em que estamos vivendo.

Sim, isso pode parecer impossível. Como podemos simplesmente ignorar questões enormes como as guerras ou as mudanças climáticas? A resposta, claro, é: não se trata de ignorar, mas sim do que podemos fazer a respeito no momento. Pessoas em situações terríveis em todo o mundo e ao longo da história ainda demonstram extraordinária humanidade e bondade em relação aos outros. O luto pode ser um lembrete poderoso do quanto amamos e fomos moldados pelo nosso amor por alguém — afinal, você gostaria que seus entes queridos se lembrassem de você com uma dor avassaladora pelo resto da vida ou que gradualmente pudessem celebrar e sentir alegria por terem conhecido você? Podemos estar vivendo em um momento de sofrimento e ainda assim nos conectarmos com o que de melhor a vida pode nos oferecer.

Então, como passar da aceitação à alegria e abraçar totalmente o Amor Fati?

Existem três aspectos principais:
— Receber desafios e dificuldades como oportunidades de crescimento e desenvolvimento;
— Deixar para trás arrependimentos sobre o passado e se concentrar em aproveitar ao máximo o momento presente;
— Praticar e cultivar um senso de valorização das experiências que surgem no nosso caminho.

No começo, nada disso pode vir com facilidade. Como disse o estrategista e filósofo chinês do século XVII Miyamoto Musashi: "Pode parecer difícil no início, mas todas as coisas são difíceis no início". No entanto, praticar diariamente esses três aspectos vai ficando mais fácil aos poucos. O fracasso não é motivo para desistir, é parte do aprendizado de um novo jeito de viver. Quanto mais praticamos, mais essa forma de pensar se torna um hábito. Começamos a ver o mundo diferente quando adquirimos o hábito da gratidão, da aceitação e da oportunidade.

RESUMINDO
Você sabe que existem pessoas grosseiras, então não precisa se surpreender ou se incomodar com elas.
Aceite o universo como é, e a sua vida vai correr bem.

Algumas coisas estão ao nosso alcance, e outras não. Ao nosso alcance estão a opinião, a motivação, o desejo, a aversão, enfim, tudo o que é da nossa responsabilidade. Não estão em nosso poder nosso corpo, nossas propriedades, nossa reputação, nosso cargo, em suma, tudo o que não é de nossa autoria.

—

EPICTETO

CAPÍTULO 5

Se não está quebrado, não se pode consertar

ou Controle e descontrole

Uma das alegrias do estoicismo é a maneira como todos os princípios se encaixam, todos se alimentando e se integrando perfeitamente. Dito isso, o conceito de controle — ou melhor, de falta de controle — pode estar no cerne do estoicismo. Na verdade, ele é absolutamente fundamental para encaixar todas as outras ideias em torno dele.

A Dicotomia do Controle é uma ideia simples: a compreensão de que existem coisas que estão sob nosso controle... e coisas que não estão. Quanto mais tentamos obter o controle de nossas vidas, menos controle temos; quanto mais percebemos quão pouco controle temos, menos lutamos contra isso e menos nos preocupamos. Tentamos controlar o nosso estado e onde estamos na vida, mas não conseguimos reconhecer que nossos objetivos, planos e ambições são apenas palavras e imagens na nossa cabeça — não têm nenhuma realidade, são apenas parte de nossa narrativa interior. Elas podem parecer as coisas mais importantes de nossa vida, mas essas palavras e imagens não têm controle algum sobre a vida. A vida simplesmente continua, independentemente do que imaginamos que "deveria acontecer".

Uma crítica à Dicotomia do Controle é que, se alguém falha (se tenta assumir o controle de uma situação que está além da sua capacidade), o estoicismo faz essa pessoa se sentir mal, imaginar que de alguma forma está "falhando" em viver a vida com sucesso. É claro que a filosofia estoica é muito mais tolerante do que isso: os estoicos sabem que ter controle não significa ter domínio. Usamos nossa razão da melhor maneira possível para influenciar nossos desejos, opiniões e controle com base nas Quatro Virtudes, mas todos reconhecemos que, assim como a razão está na natureza da humanidade, os erros também estão. Não se trata de se sentir um fracasso, mas de reconhecer que a vida é um desafio a ser aceito e aproveitado. A liberação do controle — e do controle sobre nós mesmos — é uma lição que dura uma vida inteira.

Uma das minhas frases que as pessoas mais compartilham na internet é: "Você pode dançar na chuva ou ficar de cara feia na chuva; vai chover de qualquer jeito". As pessoas parecem compreender instantaneamente que a vida é cheia de escolhas, não de controle, e que só aceitando a nossa oportunidade de fazer escolhas positivas é que conseguimos recuperar qualquer sensação de paz em nossa vida. A única coisa que podemos controlar é nossa reação à vida.

Muitas vezes parece que temos controle sobre alguns aspectos de nossas vidas, mas isso é só uma ilusão. Por exemplo: se eu quiser melhorar minha saúde, posso frequentar a academia, certo? Mas frequentar a academia também pode resultar em lesões graves que me deixarão parado por muito tempo. Talvez eu possa comer de maneira mais saudável para ajudar meu corpo; mas talvez isso me custe muito mais dinheiro. Então, eu poderia ganhar mais dinheiro trabalhando mais e conseguindo um emprego diferente — isso está sob meu controle, não é? Sim, mas não sabemos se trabalhar mais ou em um novo emprego pode resultar em tanto estresse que não conseguiremos trabalhar, o que nos deixará em uma situação financeira mais difícil. E quanto a construir nossa reputação? Podemos fazer todo tipo de coisa para construir nossa reputação na internet ou no lugar onde vivemos, mas a que custo? E se nossos esforços resultarem em alguém ficar com inveja e decidir falar mal de nós? Não podemos controlar isso, e então nossa reputação fica pior do que quando começamos.

Não se trata de olhar para a opção mais negativa possível. Trata-se de reconhecer que esses sentimentos de "controle" não são reais, mas ilusões baseadas apenas em coisas externas a nós. Existem tantas variáveis em cada passo para cima e para baixo que podem acontecer conosco durante a vida que não faz sentido investir na ideia de que controlamos nossa vida. Doenças, acidentes e ações de outras pessoas estão completamente fora do nosso controle e vão acontecer independentemente do que fizermos.

    O estoicismo não tem a ver com ter um controle férreo sobre a própria existência. O estoicismo está relacionado a lembrar do Amor Fati e das poucas coisas que podemos controlar:

— Nossas opiniões e preferências;
— Nossas ações e escolhas;
— Nossos desejos e motivações;
— Nosso caráter.

Não é muito, concorda?

> **EXERCÍCIO**
> Você pode estar se sentindo estressado ou preocupado com alguma coisa em sua vida. Talvez seja algo enorme, um evento global; talvez seja algo que esteja afetando você pessoalmente, como uma apresentação no trabalho ou uma viagem com amigos.
> Pegue uma folha de papel e desenhe duas colunas. No topo da coluna da esquerda escreva "Coisas que posso controlar" e no topo da coluna da direita, "Coisas que não posso controlar". Pensando apenas no que está na sua mente, preencha as colunas da forma mais realista possível (não tente assumir a responsabilidade por coisas que estão além do seu alcance).
> Quão mais longa é a lista de coisas que você não pode controlar? Quão mais administrável parece a lista de coisas que você pode controlar?
> Agora você está livre para se concentrar apenas na pequena lista de coisas que consegue, em termos realistas, controlar.

Às vezes é bom nos sentirmos arrebatados por "coisas que realmente não importam". Pode ser divertido ficar rolando a tela do celular e ler sobre o último escândalo de celebridades ou fofocas sobre uma personalidade da TV. Mas, antes de nos darmos conta, já formamos opiniões fortes sobre a história e o comportamento deles, sentimos emoções genuínas no nosso corpo e mente por pessoas que nem sequer conhecemos e que é pouco provável que conheçamos ou que sejamos diretamente afetados por elas. Da mesma forma, fico perplexo com pessoas que são apaixonadas pelo seu time do coração. As pessoas ficam em êxtase ou caem na infelicidade total por causa das ações do seu time, sentindo uma raiva verdadeira por semanas a fio, mesmo que essa raiva dos torcedores não vá afetar o jogo de forma alguma. No entanto, os torcedores permitem que seu humor e suas vidas sejam moldados por algo que está muito além do seu controle.

Tentamos controlar tudo, do trânsito e do clima à opinião que as outras pessoas têm sobre nós, dedicando horas de energia e foco todos os dias a coisas que não serão afetadas pelos nossos esforços. Damos 99% da nossa vida a essas coisas e a pensamentos do passado e do futuro, transferindo nossa atenção e nossa motivação para algo completamente externo. Não importa o que tentemos fazer a respeito, os eventos vão acontecer de qualquer maneira, o passado vai ter acontecido, o futuro vai acontecer quando acontecer e tudo vai continuar, independentemente dos nossos pensamentos. É como ficar parado no mar tentando lutar contra as ondas e depois nos perguntarmos por que estamos exaustos e nada está diferente.

O fato é que as poucas coisas que podemos controlar têm um aspecto em comum. São todas coisas interiores, que estão dentro do nosso corpo e mente. O momento em que aceitamos que a energia interior é tudo o que importa — que as nossas opiniões, ações, motivações e o nosso caráter são os únicos pontos sobre os quais temos controle — é o momento em que realmente conquistamos o controle sobre nossa vida. Essa percepção é como um superpoder. Imagine de repente ouvir que você poderia ter 99% mais energia e foco, que poderia crescer e se desenvolver mais rapidamente como pessoa, que teria menos preocupação e carregaria menos peso mental. Quem não iria querer?

O estoicismo é como um macete para a vida. Em vez de ficarmos fazendo barulho e nos ocupando por nada, correndo em círculos, podemos simplesmente caminhar, fazer uma pausa e olhar ao redor, respirar e ouvir os sons. Sentir tédio! Abra mão do controle e aproveite toda a liberdade que isso lhe dá.

> O problema não são as coisas externas. É a avaliação que você faz delas. Que você pode eliminar agora mesmo.
> — MARCO AURÉLIO

Nossa vida moderna tem a tendência de querermos que tudo seja feito agora, de realizar conquistas sem valorizar o processo que nos levou até elas. Chama-se "vício em destino" a crença de que finalmente vamos ser felizes quando atingirmos determinado objetivo — está no futuro, mas está chegando, e só precisamos fazer X, Y e Z (ou, de maneira mais realista, só "precisamos" fazer A, B, C... até o Z).

Quando buscamos atender nosso vício em destino, acabamos ansiando ainda mais pelo controle — do nosso corpo, da nossa força, dos nossos estados mentais, do nosso status, até mesmo dos nossos processos físicos de crescimento e envelhecimento. Quantas vezes voltamos correndo para o trabalho depois de apenas um ou dois dias em casa por conta de uma doença, mesmo sabendo que nosso corpo precisa de tempo para se curar totalmente e se recuperar? Quantas vezes compramos produtos para apressar uma coisa que nosso corpo faz perfeitamente bem se o tratamos com cuidado e respeito? A vida moderna foi moldada para que passemos por ela apressadamente. Então, com que rapidez podemos compreender todas as coisas sobre as quais não temos influência?

Para mim, foi um processo lento compreender a Dicotomia do Controle. Claro, eu não queria abrir mão de *nenhum* controle — como eu poderia ter sucesso se parasse de ter tanto foco? Parecia uma fraqueza abrir mão do controle, me permitir aceitar que a minha vida, em grande medida, estava completamente fora do meu controle.

Foi preciso praticar. Primeiro, passei a tentar reconhecer todas as situações em que estava me sentindo frustrado e simplesmente a deixar a experiência que estivesse me causando frustração tomar conta de mim. Se eu estivesse preso no trânsito, não pensava que estava me atrasando, mas que estava recebendo uma oportunidade de observar o mundo. Eu lembrava de uma história que ouvi sobre um grupo de pessoas que ficou preso numa passagem de nível por muito tempo enquanto um trem imenso passava. Os adultos ficaram furiosos, mas a criança no meio da multidão se virou para a mãe e disse, com admiração e espanto: "Nossa! Que trem comprido!".

Nós temos essa mesma oportunidade todos os dias. Vamos dividi-la em sua forma mais básica:

Problema	Benefício
Preso no trânsito	Tempo extra para ouvir música ou observar o mundo
Pessoas grosseiras	Uma chance de praticar a compaixão
Comida queimada	Oportunidade de experimentar uma nova refeição preparada com sobras
Ingressos esgotados	Poder fazer algo que, de outra forma, não teria cogitado
Férias canceladas	Envolver-se com a lista de tarefas pendentes que nunca executou
Não ser escolhido para um time	Mais tempo para ajudar a equipe com necessidades fora do campo

Podemos relembrar os momentos "ruins" da nossa vida e apreciar o que ganhamos com eles. Termos sido deixados por um parceiro nos fez mais tarde encontrar um relacionamento melhor e perceber que o anterior era muito prejudicial. O chefe do meu primeiro emprego era tão ruim, e meu salário tão baixo, que eu saí de lá e realizei mais do meu potencial. Até mesmo a morte de um ente querido às vezes pode funcionar para unir uma família.

Se ficamos presos no trânsito, estamos presos no trânsito, e sentir raiva não vai mudar isso. Talvez possamos ouvir música, conversar com outra pessoa no carro ou simplesmente observar a vida pela janela. Se temos uma limpeza para fazer, ela precisa ser feita, mas, em vez de nos apressarmos para chegar ao que "realmente queremos fazer", é uma oportunidade de realizar algo com atenção, com o melhor de nossas habilidades, escutar alguma coisa boa e dedicar nosso tempo para fazer da limpeza um trabalho bem-feito. Há pouco tempo, quando precisei fazer alguns trabalhos de jardinagem, alguém se ofereceu para me ajudar para que eu terminasse mais cedo. Mas a ideia era trabalhar no jardim, não fazê-lo o mais rápido possível e jogar aquela experiência por cima do ombro antes de passar para a próxima coisa. O prazer vinha de executar o trabalho, saboreando os momentos inerentes a ele, sem pressa para terminar a tarefa. Eu não queria desenvolver o vício em destino, queria praticar o ato de aproveitar o que fazia com meu tempo. Agradeci a oferta, mas concluí a tarefa sozinho, sabendo que também valorizei cada momento que tinha conseguido passar fazendo aquilo. Alguém de nós deseja olhar para trás em nossas vidas e pensar nas horas, nos meses, nos anos que "perdemos" em tarefas e atividades diárias? Ou as coisas pareceriam diferentes se tivéssemos sido capazes de respeitar cada tarefa como algo que precisava ser feito — não como algo que roubava o nosso tempo, já que o nosso tempo ainda estava lá para ser aproveitado à medida que concluíamos a tarefa e desfrutávamos dela pelo que era.

Se pensarmos na vida como uma linha, com o nascimento numa ponta e a morte na outra, há todo tipo de evento acontecendo ao longo desse percurso, nos levando em todo o tipo de direção:

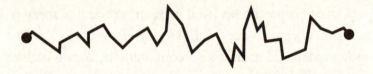

Nosso nascimento é o primeiro momento, e a morte é o destino final. Então, por que estamos correndo? Todas aquelas linhas onduladas no meio são as que queremos sentar e realmente vivenciar. Elas são tudo o que podemos experimentar, porque o resto está fora da nossa vida. O que está nos esperando enquanto corremos pelo tempo é o fim da nossa existência, e nunca sabemos quando chegará. Às vezes, temos uma boa conversa com um amigo, uma conversa de que vale a pena lembrar, do tipo que provoca lágrimas escorrendo pelo rosto e dor na barriga de tanto rir. Não tenho certeza do significado, mas ter uma boa conversa com um amigo tenho certeza de que é estar presente, rir, compartilhar a experiência; é sentir o momento como é. Ninguém se encontra com um amigo para encerrar a conversa o mais rápido possível. Quanto à música, são os agudos e os graves, o prazer da bela sinfonia, um som tão cativante que fala à sua alma. Não haveria prazer em uma nota rápida de uma canção; assim como, na vida, a alegria vem das subidas e descidas, dos desdobramentos e de nossas reações a cada um deles, conforme se sucedem ao anterior.

O escritor e "artista filosófico" Alan Watts disse que a vida era como uma dança e que, "quando estamos dançando, não existe a intenção de chegar a algum lugar". É a viagem, não o destino.

Para os estoicos, qualquer evento é dividido em três partes:
— Consciência;
— Avaliação;
— Ação.

Em qualquer evento, tomo consciência dele, do que está acontecendo, e atuo, reagindo ao que aconteceu. No meio, porém, está a avaliação, o momento microscópico em que depositamos nossos julgamentos de valor e perguntamos: "De que maneira isso me prejudica?". Com a prática, os estoicos acreditam que podem mudar essa pergunta para: "Como posso fazer o que é melhor nesta situação?". Desenvolvendo esse hábito, podemos encontrar espaço para assumir o controle de nossas ações, estendendo nosso tempo de avaliação o máximo de que precisamos — talvez seja contando até dez e abrindo espaço em nossa raiva para ver as coisas de forma mais objetiva ou desenvolvendo uma perspectiva de terceira pessoa para entender que, se fomos atraídos para, digamos, uma discussão por causa das nossas emoções, simplesmente seremos mais uma pessoa dramática discutindo. Na verdade, não teremos melhorado nada para ninguém.

Se você já sofreu algum tipo de acidente, sabe que muitas vezes ficamos cientes de que alguma coisa ruim aconteceu, de uma avaliação instintiva do quanto poderia ter sido pior e de uma reação mal pensada ao que imaginamos que poderia ter acontecido e quem pode ser o culpado. Em vez disso, a abordagem estoica busca obter uma consciência mais clara do que ocorreu — usar essa clareza para fazer uma avaliação menos apavorada e mais verdadeira e reagir de acordo com o que podemos controlar a respeito da situação avaliada com clareza. Você consegue tentar isso na próxima vez que sofrer algum tipo de acidente?

Eu enfrento desafios todos os dias, grandes e pequenos, e a maneira como lido com eles agora é "gamificando" minha vida. Cada vez que encaro uma dificuldade, digo a mim mesmo que tenho a chance de subir de nível fazendo a coisa certa, e a recompensa que recebo sempre que consigo fazer isso é construir meu caráter e aumentar o bem que tenho colocado no mundo. Não tenho controle sobre o comportamento dos outros, suas grosserias, seu egoísmo, sobre alguém de mau humor, alguém agressivo. O controle que tenho é sobre minhas próprias ações, e quando começamos a construir esses músculos eles ficam cada vez mais fortes. Pode parecer complicado no início, mas a ideia de ser um jogo me faz seguir aos poucos: uma ida ao supermercado, uma viagem curta de carro, o percurso para o trabalho.

EXERCÍCIO

Da próxima vez que alguém for maldoso ou grosseiro com você ou se comportar de um jeito que você não goste, finja que é apenas um jogo — vamos chamá-lo de Estoicismo™. O objetivo do Estoicismo™ é construir seu caráter, e a maneira como você faz isso é se comportando de acordo com as Ações Douradas do Estoicismo™ (também conhecidas como as Quatro Virtudes). Então, você está no jogo, e alguém passa na sua frente em uma fila. O que um estoico faria? No jogo, você sabe que o melhor meio de aumentar seu total de pontos é olhando para as Quatro Virtudes. Talvez não fosse o que você normalmente faria na vida real, mas isso é Estoicismo™!

Cada vez que sai de casa, você está em uma missão potencial do Estoicismo™ e tem uma chance de conquistar esses pontos.

Experimente fazer isso por alguns dias. Talvez, sem perceber, enquanto estiver jogando, você aumente sua paciência, perspectiva e empatia. Qual é a sensação?

> Não é um acréscimo diário, mas uma diminuição diária — eliminar o que não é essencial. Quanto mais próximo da fonte, menor o desperdício.
> — BRUCE LEE

Bruce Lee estava falando sobre seu treinamento em artes marciais e sobre sua vida — e isso ecoa precisamente os princípios estoicos de que estamos falando. Na Dicotomia do Controle, eliminamos todas aquelas coisas sobre as quais realmente não temos controle e ficamos com o essencial: o verdadeiro núcleo da vida, onde podemos praticar seguir as Quatro Virtudes para melhorar nossa própria vida e a de quem está ao nosso redor. De repente, a vida não fica apenas administrável, mas também agradável.

Muitos de nós sentimos que a terapia poderia ajudar, ou ajudou, a tornar a vida mais administrável e agradável. A terapia cognitivo-comportamental (TCC) é uma forma aclamada de terapia da fala usada por milhões de pessoas em todo o mundo com base na mudança do modo como pensamos e nos comportamos. Na verdade, ela tem raízes estoicas. Talvez você conheça a famosa Oração da Serenidade, de 1934, escrita pelo teólogo Reinhold Niebuhr:

Deus, conceda-me a serenidade para aceitar as coisas que não posso mudar; a coragem para mudar as coisas que posso; e a sabedoria para saber a diferença.

Com base nesses fundamentos e nas crenças estoicas modernas, o psicólogo Albert Ellis fundou a terapia racional-emotiva comportamental, a primeira forma de TCC, propondo a crença de que nossas dificuldades emocionais não são causadas por eventos que acontecem fora do nosso corpo, mas por causa da nossa interpretação pessoal e muitas vezes irracional desses eventos. Isso ecoa perfeitamente uma frase de Epicteto: "A principal tarefa na vida é simplesmente esta: identificar e separar assuntos de modo que eu possa dizer claramente para mim mesmo quais são os aspectos externos que não estão sob meu controle e quais têm a ver com as escolhas que eu realmente controlo". Do mesmo modo, Marco Aurélio escreveu: "Escolha não ser prejudicado, e você não se sentirá prejudicado. Não se sinta prejudicado, e não terá sido". Reservar um tempo para encontrar espaço no que realmente está acontecendo significa não precisarmos nos concentrar no dano que pode nos ter sido causado, mas sim no que podemos fazer para superar a situação e crescer a partir disso — talvez até para ajudar outra pessoa. É uma oportunidade de se envolver e de se engajar na existência de outras pessoas, e uma chance de mostrar como o estoicismo pode melhorar vidas além da nossa. A TCC é uma ferramenta brilhante para um tratamento de curto prazo com princípios estoicos, mas o estoicismo como filosofia de vida pode ser benéfico para muito mais pessoas, para sempre.

> Ao acordar de manhã, diga a si mesmo: as pessoas com quem vou lidar hoje serão intrometidas, ingratas, arrogantes, desonestas, invejosas e ranzinzas. Elas são assim porque não sabem diferenciar o que é bom do que é mau. Mas eu vi a beleza do bem e a feiura do mal e reconheci que o malfeitor tem uma natureza semelhante à minha... nós nascemos para trabalhar juntos como pés, mãos e olhos, como as duas fileiras de dentes, a superior e a inferior.
> — MARCO AURÉLIO

Se pensarmos novamente na introdução deste livro, em Zenão perdendo tudo o que possuía num naufrágio, vamos perceber que ele já era estoico. Ele não se preocupou nem chorou com o desastre; em vez disso, saiu em busca de respostas. O navio havia afundado, o evento havia ocorrido — então, ele teve uma chance de compreender do que os humanos precisavam não apenas para enfrentar, mas também para crescer quando coisas como aquela aconteciam.

Como vimos no capítulo 3, recebo mensagens de ódio desde que comecei a estar presente na internet, e logo percebi que tinha duas opções: me concentrar nelas e na maneira como me fazem sentir (muito mal, no início) ou pensar sobre minha resposta, usando o estoicismo para educar os autores dessas mensagens sobre a filosofia estoica. Não tenho controle sobre os comentários nem sobre o que os outros pensam a meu respeito, mas *posso* optar por trabalhar junto a esses comentaristas. Há pouco tempo escreveram que meu cabelo estava feio. Antes isso teria me deixado em parafuso, e eu teria corrido para o barbeiro (se sequer ousasse sair de casa). Agora, vejo isso como uma oportunidade de ensinar a alguém a educação de que precisa. Isso é algo que posso escolher.

Anos atrás, eu estava viajando pela Nova Zelândia com dois amigos em um carro barato horroroso. A vedação havia estourado, e não tínhamos dinheiro para consertá-la. Na prática, isso significava que precisávamos parar a cada oito quilômetros para encontrar um lago, um rio ou um posto de gasolina para completar a água e resfriar o motor. Rapidamente, meus amigos se cansaram disso e queriam simplesmente abandonar o carro. Em vez disso, coloquei uma música boba para tocar no rádio do carro. Em pouco tempo estávamos rindo, e aquele acontecimento se tornou uma lembrança feliz para todos nós. Não tínhamos controle sobre as condições do nosso transporte, mas podíamos fazer nossa própria escolha sobre como lidaríamos com aquilo e faríamos a viagem. Em seguida, tivemos a sorte de conhecer um casal que nos deu carona por todo o caminho até nosso destino. Será que teriam feito a oferta para nós com tanta facilidade se estivéssemos estressados e brigando por causa da vedação rompida? Talvez não.

Ainda não cheguei lá, naturalmente, porque sou apenas humano. Porém, sinto conforto no fato de que não estou sozinho — até mesmo Marco Aurélio parecia enfrentar dificuldades com os princípios estoicos, o que podemos ver em suas *Meditações*. Escritas como um diário pessoal, as *Meditações* são recados de Marco Aurélio para ele mesmo. Em muitas delas, podemos ler sobre a raiva que ele claramente sentia ao administrar seu temperamento. E estamos falando de um dos maiores filósofos estoicos de todos os tempos! Ele também não teve muita sorte com o filho. Depois de Marco Aurélio viver como um dos mais bem-sucedidos e célebres imperadores de Roma, seu filho cruel e corrupto, Cômodo, desvalorizou a moeda, criou espetáculos de gladiadores repletos de massacres e acabou com a idade de ouro do Império Romano. Numa época em que era tradição os imperadores escolherem seus sucessores, Marco Aurélio apostou tudo no próprio filho, dando a ele os melhores professores, o melhor treinamento militar, as melhores oportunidades que qualquer jovem no Império poderia ter. Ele acreditava que, com suas próprias habilidades e sabedoria e com a carne e o sangue do filho, poderia criar outro grande líder mundial — em pleno leito de morte, ele disse: "Sigam para o sol nascente, pois estou me pondo". Ele queria que todos os seus conselheiros se concentrassem em seu filho e no futuro que ele construiria.

Ainda assim, Marco Aurélio falhou. Mesmo ele, com todos os recursos que tinha ao seu alcance e todo o conhecimento acumulado, não conseguiu transformar Cômodo no homem que esperava. Pode ser que Marco Aurélio tenha se esforçado tanto para ser um grande homem que sua verdadeira luta fosse ser um bom homem. Assim como a ideia de que o isolamento e a dominação são uma ilusão de força quando a realidade é que a verdadeira força exige conexão e deixar a vida existir dentro de nós, talvez o caminho da vida de Marco Aurélio como líder de um império tenha significado que todo o seu estoicismo o levou a ser o maior dos homens em busca da eudaimonia, quando na verdade seu objetivo deveria ser simplesmente ser bom.

Talvez os escritos dele nos ensinem tanto porque ele sabia o quanto poderia ser difícil. Mas devemos ficar tranquilos com isso; até hoje seus escritos inspiram muitas pessoas, e os efeitos do seu trabalho ainda trazem o bem ao mundo.

RESUMINDO
Lembre-se de que a maioria dos nossos problemas está fora do nosso controle. Aproveite a libertação da sensação de que você deveria estar controlando as coisas "melhor". A única coisa que você pode fazer é se concentrar no controle interior que possui.

Estamos sempre reclamando que nossos dias são poucos e agindo como se não tivessem fim.

―

SÊNECA

CAPÍTULO 6

Pelo menos uma coisa é certa

ou A morte é inevitável

Parece meio pesado, não é? *A morte é inevitável.* Um pouco sombrio para uma filosofia que promete melhorar sua vida?

Eu tinha medo da morte quando era menino. Durante anos, passava horas acordado no meio da noite, absolutamente apavorado pensando na minha própria morte. Eu tinha medo de fazer compras, medo de falar com as pessoas, medo de me aproximar de alguém, mesmo que tivesse vontade de ajudar. Eu me sentia impotente, refém dos meus medos sobre o que as pessoas poderiam pensar de mim, de como eu poderia morrer, medo de não ser capaz de viver adequadamente. Parecia que eu nem estava vivendo.

Na escola, as aulas de estudos religiosos batiam muito na tecla do que cada religião pensava que acontecia após a morte, fosse o céu, o paraíso, o renascimento ou qualquer outra coisa. Eu pensava: e se todas as religiões entenderam errado? E se a gente simplesmente morrer e pronto, sem estresse, sem preocupações? Para mim parecia — com o perdão do trocadilho — o paraíso. Agora, se eu estivesse errado e alguma religião estivesse correta, eu acabaria em algum tipo de paraíso, ou, na pior das hipóteses, no purgatório. Dava para viver com essa ideia. Por que os seguidores religiosos achariam a morte tão assustadora se ela os aproximaria do encontro com seu deus ou seus deuses? Esse medo da morte nos impede de viver a melhor vida que poderíamos? Uma noite, em casa, tive outra conclusão repentina: quando morresse, não saberia que morri. Minha morte significaria que eu estava livre de qualquer sofrimento ou de qualquer consequência. Minha morte significaria que a minha vida e todas as minhas experiências, boas ou más, estariam encerradas. E essa libertação significava que a vida era finita, e eu não teria uma eternidade para me preocupar com isso. Naquela noite eu dormi bem e nunca mais me preocupei com a morte: afinal, não lembro da vida antes de nascer, então tenho certeza de que não vou lembrar da vida depois que morrer. (Outro dia ouvi uma piada que me lembrou dos meus medos pré-estoicos sobre a mortalidade. "Estar morto é como ser burro; só machuca as pessoas ao redor.")

Mas talvez você não se preocupe com a morte porque nunca pense nela. Na nossa cultura ocidental, não é tão normal assim passar muito tempo pensando na morte. É algo visto como um pouco esquisito, como se estivéssemos convidando a morte ou pensando em uma coisa meio desagradável e estranha. Na verdade, na Roma antiga os sentimentos eram os mesmos: os gregos e os romanos não gostavam nem de pronunciar o nome de Hades, para o caso de isso evocar a mortalidade delas.

Se você pensar bem, isso é bem estranho. De cada ser humano que já viveu ou vai viver, do mais rico ao mais pobre, do mais velho ao mais jovem, em todos os países e com todas as experiências de vida possíveis, apenas uma coisa une a todos: o fato de que cada um de nós vai morrer. Não é algo que esteja em debate, ninguém pode comprar a morte com enormes riquezas, ninguém pode curá-la ou fugir dela. É uma verdade absolutamente universal sobre a vida: ela termina para cada um de nós e para tudo o que nos rodeia com a morte. (Há uma história famosa sobre o Mestre zen Ikkyu. Quando menino, ele já era esperto e inteligente. Então, quando quebrou a preciosa xícara de chá antiga de seu mestre, o jovem Ikkyu escondeu os cacos da xícara atrás de si. Quando o mestre entrou, Ikkyu perguntou: "Por que as pessoas precisam morrer?". O mestre respondeu com muita paciência: "É uma coisa natural. Tudo precisa morrer e tem um tempo determinado para viver". O menino estendeu os cacos da xícara e disse: "Estava na hora da sua xícara morrer".)

Devemos falar mais sobre a morte? Ou é perturbador demais? Devemos celebrar a vida em vez de pensar em uma coisa tão potencialmente assustadora e sombria como a morte?

Os filósofos estoicos acreditavam no *Memento Mori*, a lembrança da morte. Dois mil anos atrás, os cidadãos que seguiam os estoicos carregavam moedas com essa frase, caveiras ou ampulhetas para lembrá-los da inevitabilidade do fim. Mesmo antes disso, o filósofo cínico Diógenes, aquele que morava no barril de vinho, tentava abordar o mal-estar de seus seguidores diante da morte certa. Quando questionado sobre como desejava ser enterrado, ele dizia para não se preocuparem, que poderiam simplesmente jogar seu corpo para fora dos muros da cidade para que os animais se alimentassem dele. Horrorizados com a ideia, imploraram que ele reconsiderasse esse pedido. "Está bem", ele disse. "Então me deixem com um pedaço de pau para afugentar os animais!" Seus seguidores hesitaram, sem saber exatamente como lembrar a Diógenes que seus dias de uso de paus teriam terminado, mas ele percebeu que eles estavam confusos. Se não possuía mais a consciência necessária para manejar um pedaço de pau, por que deveria se importar com o que aconteceria com seus restos mortais? No século XXI, meu equivalente ao sentimento de mortalidade de Diógenes é um calendário Memento Mori, um único pôster grande com milhares de quadrados dos quais marco um a cada dia que passa para me lembrar do quanto minha vida é finita.

Além disso, por mais mórbido que possa parecer, minha parceira e eu estamos preparando uma Caixa da Morte. Nós a estamos enchendo com nossos desejos para depois de morrermos, as preferências para nosso funeral e coisas para deixar para nossa filha. Me pareceu uma ideia estranha quando minha parceira sugeriu que fizéssemos isso, mas aprendi a amar a sensação visceral de mortalidade que isso proporciona. Eu sei que as pessoas têm dificuldade até mesmo com a ideia de fazer um testamento, acreditando supersticiosamente que o simples ato de escrevê-lo fará com que ele seja necessário, mas a Caixa da Morte realmente trouxe para casa nosso próprio Memento Mori, uma noção física do que vai restar em uma pequena caixa, quando inevitavelmente morrermos. O que você colocaria na sua?

> **A vida pode acabar agora mesmo. Deixe que isso determine o que você faz, diz e pensa.**
> — MARCO AURÉLIO

Como disse Marco Aurélio em suas *Meditações*, "Não, você não tem milhares de anos para viver. A urgência está em você. Enquanto vive, enquanto pode, torne-se bom". Poucas pessoas escolheriam viver para sempre. Talvez um pouco mais, talvez muito mais, mas não para sempre. Seja qual for a duração que atribuamos à vida, ela tem um fim, e é esse fim que nos leva a ter urgência e propósito. E não é só a vida que acaba, mas todas as coisas. Recentemente, em uma saída com meus irmãos, de repente pensei que não tinha como saber se aquela seria a última vez que estaríamos todos juntos. Se não fosse aquela vez, seria outra. E, em vez de me sentir oprimido por isso, passei a considerar nosso tempo ainda mais precioso, por ser finito. Sempre haverá uma última vez que vamos abraçar um amigo, preparar uma refeição específica, observar as nuvens e fazer nosso trajeto matinal para o trabalho. Seja uma experiência boa ou ruim, cada acontecimento tem um momento final.

Então, como podemos tornar isso positivo todos os dias?

Costumo pensar comigo mesmo que a coisa mais importante que aprendi foi o fato de que iria morrer. Talvez não tenha sido aprender isso que mudou minha vida, mas foi a aceitação da morte que me despertou da monotonia e da mentalidade de procrastinação. É estranho pensar que lembrar da minha própria mortalidade tenha me trazido tanta vida e que lembrar da morte diariamente torna os dias mais vibrantes e reais. A morte *não* é o inimigo; uma vida desperdiçada é o inimigo — pois uma é uma garantia, e a outra um fracasso da nossa parte. O que poderia tornar a vida mais preciosa do que a consciência de que ela passa? A morte não é o inimigo. Reconhecer e lembrar da morte dá um novo valor à vida — é um presente precioso para o qual a maioria de nós nem ousa olhar, muito menos valorizar.

> **EXERCÍCIO**
> Certa vez, um homem disse: "Gosto de imaginar que já morri e implorei a Deus por apenas mais uma chance de caminhar pela floresta, ser magoado, me apaixonar, fazer até mesmo as coisas cotidianas mais mundanas. E tento viver como se Deus tivesse me concedido essa única chance".
>
> Sente-se em algum lugar confortável e seguro e feche os olhos. Imagine que tem apenas dez minutos de vida — tudo está prestes a ser tirado de você, cada pessoa, cada oportunidade, cada experiência potencial. Que arrependimentos você teria nesses

> dez minutos? O que você gostaria de poder fazer de novo? Tanto coisas ruins quanto boas, positivas e negativas — você poderia ter mais uma chance de experimentar todas elas. Imagine perder todas e receber a chance de tê-las de volta. Com quem você gostaria de conversar mais uma vez?
> Depois de pensar sobre seus últimos desejos, pergunte-se: como isso faz você se sentir em relação às pequenas coisas, por exemplo, saborear um alimento ou beber água fresca? E quanto às coisas maiores, como ver seus amigos e familiares novamente? De que maneira você pode deixar esses desejos moldarem o dia de hoje? Como você pode acordar todas as manhãs e viver uma vida da qual não se arrependerá?

Uma frase frequentemente associada ao estoicismo é *Carpe Diem* — aproveite o dia. Se este fosse seu último dia, o que você faria? É claro que poucos de nós temos tempo livre ou dinheiro para viver assim constantemente; sejam quais forem as nossas paixões, simplesmente não somos capazes de segui-las sacrificando nossas responsabilidades. Mas que tal viver sem arrependimentos? Se este fosse seu último dia, como gostaria de se comportar? Como espera ser lembrado? Que tom gostaria que tivesse o último dia?

Filósofos, escritores, artistas e poetas reconheceram ao longo dos tempos que a morte é o que dá valor à vida. Se tivéssemos tempo infinito com todas as pessoas que amamos, oportunidades infinitas de viajar para onde quiséssemos, de ler o que pretendíamos, de experimentar todos os trabalhos que nos interessassem, de onde viria a urgência? Como poderíamos ter alguma noção de foco ou prioridade tendo oportunidades infinitas? É o mesmo que ter um suprimento ilimitado de qualquer coisa. Somos incapazes de valorizar ou tratar com respeito aquilo que parece não ter fim. No entanto, quando chegamos ao último saquinho de chá, o quanto aquela xícara é mais preciosa? Se só podemos pagar por uma refeição fora, o quanto parece mais especial aquela refeição do que se pudéssemos sair todas as noites, sempre que quiséssemos?

Nossas vidas são limitadas e, além do mais, não temos como saber quando chegará o fim.

> Perfeição de caráter é isso: viver cada dia como se fosse o último, sem frenesi, sem apatia, sem pretensão.
> — MARCO AURÉLIO

Além de evitar grandes arrependimentos de ações ou comportamentos em qualquer potencial leito de morte, podemos analisar a maneira como escolhemos gastar cada minuto que temos. Hoje é muito fácil pegar o celular e, de repente, rolar a tela sem pensar em quantas horas ele roubou do nosso dia. Como advertiu o escritor e filósofo Aristóteles, "a vida desperdiçada" é "a mais triste de todas as tragédias". Então, como podemos evitar uma vida desperdiçada?

Não se trata de nunca pegar o celular, ou nunca sentar no sofá à noite, ou então nunca ficar olhando pela janela. Mas os estoicos nos encorajam a fazer todas essas coisas com propósito e atenção plena. Podemos construir vidas sobre bases ruins, com base na ganância, no medo, no ego, no consumo ou na raiva. Podemos optar por passar o tempo na internet, olhando a vida das outras pessoas e sentindo inveja do que elas têm, planejando como comprar nossas próprias versões das coisas, nos preocupando com o fato de que nossa vida não se parece com a delas ou ficando com raiva porque outras pessoas não nos dão o mesmo tratamento. Que valor qualquer uma dessas ações tem para a sua vida real? Imagine se você morasse no meio do nada, sem telefone, sem notícias, sem redes sociais. Você não teria noção do quanto deveria estar irritado, não teria noção de qual tendência deveria seguir, não teria conhecimento nenhum sobre o quanto deveria estar assustado. Você não gostaria de estar — mesmo que às vezes — totalmente inconsciente? Qual é o estado de espírito que você deseja para a sua vida?

Marco Aurélio disse: "É hora de perceber que você é um membro do universo, que nasceu da própria Natureza, e de saber que existe um limite estabelecido para o seu tempo. Use cada momento com sabedoria, para perceber seu brilho interior, ou ele desaparecerá e nunca mais estará ao seu alcance". Talvez agora seja a hora de decidir o que realmente importa e o que não importa para você.

É um hábito fácil de adquirir pensar que todos seríamos felizes se conseguíssemos uma pequena coisa: um objeto que desejamos, um trabalho que deveríamos ter, uma pessoa agir como queremos que ela aja. Mas se você conseguir essa única coisa vai realmente ser feliz para sempre? A vida não é uma questão de aquisição, mas de experiência. A morte paira sobre nós para concentrar nossa mente nas experiências que estamos tendo, e somente nós podemos escolher como reagir a elas. Passamos a vida procurando apenas a existência mais confortável e prazerosa? Como disse Marco Aurélio: "É possível um mundo sem dor? Então não peça o impossível". Mas, se uma vida sem dor é impossível, como lidar com uma realidade cheia de atritos e dificuldades?

> **EXERCÍCIO**
> Pegue seu celular e observe seu tempo de tela nos últimos sete dias. É mais ou menos o que você esperava?
> Se você multiplicar suas horas diárias por 365 e dividir esse número por 24, vai obter o número de dias (sem parar para dormir) por ano que você gasta atualmente no aparelho. (Como ideia aproximada, duas horas por dia equivalem a um mês inteiro olhando para o telefone todo ano; seis horas por dia equivalem a três meses por ano.)
> Escreva o que mais você poderia ter feito com esse tempo.

> Você pode tentar reduzir esse tempo pela metade em um mês? Usando aplicativos ou adotando novos hábitos e hobbies, você pode transformar sua vida de algo que você não valoriza e de que poderá se arrepender no final dela em algo capaz de construir seu caráter, impulsionar sua comunidade ou o deixar frente a frente com outras pessoas?
>
> Eliminando algumas dessas horas do celular, sua mente consegue relaxar e processar mais? Observe se seu sono e suas habilidades funcionais melhoram.

O tédio muitas vezes pode parecer uma espécie de morte. Quantas vezes você ficou tão entediado quando era criança, ou quando não conseguiu acessar a internet, que disse: "Vou *morrer* se não encontrar alguma coisa legal para fazer"? Parece um desperdício da nossa vida, um castigo por algo que não fizemos ou que algo esmagador sobre o estado de realidade se abateu sobre nós quando enfrentamos o *tédio*.

O celular nos oferece a fuga do tédio, perfeita e sem atrito. Ele permite acesso rápido e abre um mundo quase ilimitado de distração, entretenimento e informação. Se estamos presos em uma longa fila ou esperando o ônibus, por que não deslizar o dedo e aproveitar algo muito mais interessante quando surge a oportunidade? No entanto, pela conveniência e pelo passatempo que ganhamos, perdemos muito mais, algo que tem um valor muito maior: a chance de nos envolvermos com o mundo real, de uma forma que só o nosso corpo é capaz, e a chance de experimentar o *tédio*.

Na nossa acelerada cultura capitalista ocidental, o tédio é visto como a maior perda de tempo — e de vida — que existe. Como você pode ficar entediado quando poderia estar fazendo networking, se mexendo, se conectando ou simplesmente compartilhando mais uma postagem caça-cliques para construir seu status social na internet? O que o tédio poderia oferecer no lugar de tudo isso? Só que, em vez de escapar do tédio, tudo o que você faz é estimular um poder maior do tédio sobre o seu cérebro.

Quando fugimos ou nos escondemos de alguma coisa, evitamos enfrentar os problemas de frente. Podemos ter a sensação de que realizamos algo ("Não fiquei entediado quando precisei esperar meu amigo porque estava conferindo meus e-mails!"), mas o que de fato fizemos foi ensinar ao nosso cérebro, em cada incidência, que o tédio é o pior sentimento possível e deve ser evitado a todo o custo.

Na verdade, o tédio traz muitos benefícios. Embora possamos escapar dele, estamos cercados por ele o tempo todo, quase tanto como estamos cercados pela morte; ao incentivar a introspecção e a reflexão, ele estimula a criatividade e a resolução de problemas. O tédio permite que a curiosidade se desenvolva à medida que se formam na nossa mente questões que, de outra maneira, seriam abafadas por informações externas. O tédio nos impulsiona a questionar nossas vidas e os atos que nos levaram a esses pontos de tédio: eu preciso mesmo de um novo emprego? Um meio de locomoção diferente seria melhor? Estou aproveitando as noites de uma forma que me faz sentir bem na hora de dormir? A oportunidade de ficar entediado incentiva o foco e o autocontrole, pois a capacidade do nosso cérebro de lidar com o tédio está ligada às nossas habilidades de regular nossos próprios pensamentos e comportamentos. Isso beneficia até mesmo nossa saúde mental, pois oferece ao cérebro um momento valioso para respirar sem que uma enxurrada de dados e imagens seja lançada sobre ele. Com todos esses benefícios, por que você negaria à sua mente uma chance tão incrível de se desenvolver e aproveitar mais a vida?

Mas como podemos realmente aproveitar esses momentos de tédio ou mesmo de simples quietude? De que forma os estoicos nos incentivariam a valorizar cada instante da vida? O tédio é o espaço que permite a introspecção.

> **Nunca se esqueça de que você deve morrer; de que a morte chegará mais cedo do que você imagina... Deus escreveu as letras da morte nas suas mãos. Nas palmas das mãos, vemos as letras M. M. Elas significam "Memento Mori": lembre-se de que você deve morrer.**
> **— JOHN FURNISS**

> **EXERCÍCIO**
> O que você vê quando olha pela janela ou para as pessoas e a natureza ao seu redor? O que as pessoas estão fazendo? E os pássaros ou os outros animais? Como é a luz onde você está? O que você está ouvindo? São sons artificiais ou naturais? Que aromas existem no ar ao seu redor? Sem sair de onde está sentado, que texturas você consegue sentir?
> Apenas estando vivo é possível observar qualquer uma dessas coisas. Seja o que for que esteja passando agora, você está vivo. Existem momentos emocionantes, surpreendentes e lindos ao seu redor, se você reservar tempo e der a si mesmo a oportunidade de fazer uma pausa e observar o mundo externo além das ideias, dos medos e esperanças na sua mente.

É claro que esse conceito de atenção plena e apreciação não se limita aos estoicos. Ele aparece na maioria das religiões e filosofias em todo o mundo, de uma forma ou de outra, através do tempo e das culturas. Os seres humanos entendem claramente o valor de aproveitar momentos do dia para simplesmente existir naquele instante. E compreendem que aceitar nossa própria mortalidade é o que torna esses momentos tão preciosos. A morte em si oferece muitos mistérios: ninguém sabe o que acontece depois dela ou o que é feito das experiências que tivemos em nossas vidas.

Em uma antiga história budista, um homem ganha um lindo copo, que é admirado por todos. Ele o usa todos os dias, sempre dizendo, alegremente: "Já está quebrado!". Um dia, o copo cai da prateleira onde está guardado e se espatifa no chão. Imperturbável, o homem repete: "Já estava quebrado!". O homem reconhecia que era feliz antes de ter o copo e que seria feliz depois. O copo era apenas um recipiente para beber, e todas as coisas devem morrer. Como disse Epicteto, no que pode parecer uma das citações estoicas mais extremas: "Quando beija seu filho ou sua esposa, diga a si mesmo que está beijando um mortal. Assim, quando eles se forem, você não ficará tão perturbado". No início podemos ter dificuldade com essa ideia, mas o que ela diz é verdade: somos todos mortais e tudo o que qualquer um de nós ama um dia estará morto. Vivemos tão distantes da morte durante grande parte da vida que o choque da mortalidade é assustador e extremo. Epicteto está certo quando diz que, assim como o belo copo, podemos desfrutar da vida que um dia terminará e, conseguiremos diminuir o luto acolhendo a realidade da morte — ao menos é o que esperamos.

A morte é inevitável. É um fato. Mas talvez ao aceitar essa verdade possamos descobrir que a certeza em torno da morte e da nossa própria mortalidade pode ser um conforto. Um presente que torna cada momento da nossa vida algo especial, se decidirmos nos lembrar disso diariamente e se acolhermos o hábito do Memento Mori.

RESUMINDO
Lembre-se da morte.
Diante da morte, grande parte dos nossos problemas se dissipa e nós deixamos de nos importar com a opinião dos outros. Seu passado acabou, e seu futuro é incerto. Aproveite este momento.

CAPÍTULO 7

Alguém me entende?

ou A natureza nos une

Em um mundo onde as redes sociais são anunciadas como algo que conecta a todos, mas em um tempo em que todos se sentem mais distantes do que nunca, é fascinante recorrer à ideia de conexão dos estoicos. É impossível mexer no nosso celular ou ver as notícias sem ter a sensação de que nossas diferenças são intransponíveis, de que as discussões ao nosso redor são impossíveis de resolver e só podem levar ao colapso total das comunicações, da política e da estrutura social. Os estoicos, porém, acreditam que a natureza da humanidade por si só une a tudo e a todos.

Sabemos que não concordamos com todo mundo, e que nem sequer gostamos de todo mundo. Alguém seria capaz de citar uma única pessoa que seja "perfeita" para nós, sem nenhum comportamento que poderíamos dispensar? Todos nós temos hábitos e opiniões que podem levar o mais firme espírito à frustração, e muitas vezes somos encorajados pelas forças que nos rodeiam a dar mais atenção às diferenças existentes entre nós; mas tratar as pessoas como se as amássemos beneficia tanto a nós quanto a elas.

E não se trata de mentir ou "ser falso". Estou falando de praticar hábitos de pensamento que podem se desenvolver e se fortalecer à medida que os praticamos. Se nos concentrarmos naquilo que nos separa, sejam as nossas preferências nos sabores de pizza ou em questões políticas maiores, só vamos enxergar as divisões e diferenças. No entanto, se adotarmos uma rotina diária de ver o que nos conecta, essa maneira de enxergar o mundo vai se tornar parte de nós, não mais um hábito, mas um novo jeito de ser, qualquer que seja a nossa situação no momento. Isso está ligado àquela ideia que vimos antes, *sympatheia*, segundo a qual estamos todos unidos pela nossa natureza propriamente dita e pelo simples fato de existirmos: na verdade, estamos todos muito mais conectados do que somos levados a acreditar.

Depois de horas rolando a tela do celular, às vezes pode parecer inútil adotar todas as medidas necessárias para ver e interagir com as pessoas pessoalmente. Mas uma boa vida envolve se lembrar da conexão dos humanos e do quanto todos prosperamos entre essas conexões. Então, se você começar a considerar que, em vez de as pessoas serem inimigas em potencial, cada pessoa no mundo é um amigo em potencial ou, melhor ainda, uma irmã ou irmão na humanidade, todos nos beneficiamos:

— Aumentamos nossa empatia e compreensão pelos outros;
— Vivemos em uma sociedade em que a empatia vem antes da hostilidade e da desconfiança;
— Nos sentimos mais ligados às pessoas que vemos, em vez de ameaçados ou alienados;
— Sentimos menos medo, raiva e vergonha;

— Nossa saúde mental melhora porque vivemos em uma comunidade que acreditamos ser mais segura e próxima;
— Vivemos em uma comunidade mais segura e próxima.

O que você acha disso?

> **Reverenciem os deuses e cuidem uns dos outros. A vida é curta. O fruto desta vida é um bom caráter e age pelo bem comum.**
> **— MARCO AURÉLIO**

Os estoicos entendiam que as pessoas se sentem melhor à medida que estão mais conectadas. Eles também reconheciam que nem todos sentem as mesmas coisas ou se comportam de acordo com as Quatro Virtudes. Então, como podemos nos dar bem quando outros ainda podem estar cometendo crimes ou violando códigos morais?

Marco Aurélio também diz em suas *Meditações* que "os homens nascem uns para os outros. Então, ensine ou tolere". Em outras palavras, estamos aqui para ajudar uns aos outros — e parte disso significa que temos a opção de aceitar silenciosamente o comportamento das outras pessoas ou temos a responsabilidade de educá-las a fim de que elas possam fazer as coisas de um jeito melhor e seguir as Quatro Virtudes.

Na civilização ocidental atual, nós acreditamos na

punição dos crimes. Mas e se, em vez de punir ou além de punir, oferecêssemos recuperação, dedicássemos algum tempo para entender por que o crime aconteceu e como podemos evitar que volte a acontecer pelas mãos do mesmo criminoso ou de outras pessoas que possam vir a se encontrar nas mesmas circunstâncias? As taxas de reincidência são elevadas na maior parte do mundo ocidental, apesar de a prisão ser um lugar para onde ninguém quer regressar. Então, não está na hora de pensarmos em mudar nossa visão sobre aqueles que fizeram alguma coisa errada? Países como a Noruega têm algumas das taxas de reincidência mais baixas do mundo e se concentram na justiça restaurativa e na reabilitação, trabalhando com os presos para que eles compreendam o que fizeram de errado e dando a eles ferramentas práticas para que façam melhores escolhas para si mesmos e para sua comunidade. De acordo com os princípios estoicos, qualquer sistema de justiça deveria ter como objetivo educar nossos "inimigos" e aproximá-los da sabedoria, e não aumentar a quantidade de sofrimento no mundo de modo geral.

A responsabilidade do estoico é ensinar os outros a serem melhores, viver de acordo com as Quatro Virtudes e oferecer escolhas àqueles que não seguem as Virtudes.

Mas como aplicar isso ao mundo cotidiano?

> O homem é, por natureza, um animal social;
> um indivíduo que é antissocial naturalmente
> e não acidentalmente ou está abaixo do nosso
> conhecimento ou é mais que humano.
> — ARISTÓTELES

O estoicismo muitas vezes pode ser interpretado de um jeito bem diferente da filosofia original. Algumas pessoas ouvem falar em "estoico" e imaginam uma coisa rígida, resistente, fria, uma ilha isolada, apartada de tudo ao redor, um mecanismo de defesa eficaz contra qualquer coisa mais fraca ou que possa derrubar uma pessoa estoica.

Esse é um equívoco não apenas em torno do estoicismo, mas também em relação à humanidade. Nunca prosperamos quando nos dividimos. O isolamento não é uma força, mas uma fraqueza. Os seres humanos não conseguiriam sobreviver se tivessem isolado os fracos dos fortes; somos uma espécie que apoia, se conecta e cuida dos feridos ou doentes. Aprendemos com pessoas mais velhas e mais jovens da nossa comunidade. Desenvolvemos ideias juntos e nos recuperamos de doenças mentais e físicas só porque construímos a confiança entre nós. A verdadeira força não vem de se isolar, mas de se abrir, de deixar a vida passar completamente através de você, sem oferecer qualquer defesa. Os mecanismos de defesa só existem porque temos sermos fracos e ter nossa fraqueza explorada. Se conseguirmos encorajar nas nossas próprias mentes as ideias e os hábitos de que os outros estão ligados a nós, de que todos fazemos parte do mundo juntos, não apenas vamos reduzir a nossa necessidade de defesa como vamos incentivar a realidade de um mundo conectado. Na mente estoica, recusar nossa natureza social é não ser mais do que um ser irracional — e aceitar a conexão entre todas as pessoas é nossa verdadeira força. Nossa existência depende da nossa capacidade de trabalhar em conjunto, que tem sido o segredo da nossa sobrevivência por centenas de milhares de anos. Pedir ajuda não é desistir, é se recusar a desistir. Podemos ser sábios o suficiente para compreender que outras pessoas talvez tenham as respostas, e podemos ser corajosos o suficiente para procurar a orientação delas.

Pode ser difícil se aproximar das pessoas. Às vezes é difícil jogar conversa fora e fazer contato visual, ouvir pessoas que normalmente não nos atrairiam e receber bem aquelas de quem discordamos fundamentalmente. Mas também tende a acontecer que, por sua natureza, as conexões mais improváveis podem nos oferecer percepções, experiências e empatia que de outra forma nunca teríamos buscado por não termos as conexões para saber o que estávamos perdendo. Se permanecemos na confortável companhia de pessoas que concordam conosco constantemente, criamos uma câmara de eco que significa que nunca vamos experimentar nada de novo nem enfrentar os desafios que fazem crescer.

EXERCÍCIO

Da próxima vez que estiver fora de casa, esforce-se para não fazer nenhum tipo de julgamento em relação a alguém. A pessoa assusta você? Ela o deixa constrangido? Você sente que ela está causando ou pode vir a causar um problema para você?

Reserve um momento para pensar em algumas possíveis razões para os comportamentos que estão sendo registrados de forma negativa para você. Será que essa pessoa não fala a sua língua e está tendo dificuldade com um senso de comunicação ou de lugar? Ela poderia estar estressada demais, ou preocupada com alguma notícia que recebeu? Ou poderia estar profundamente imersa em sua própria mente, concentrada em um assunto que a faz parecer agressiva ou irritada? Você está tendo algumas dessas atitudes que podem fazer outras pessoas reagirem a você?

Existe uma maneira de reconhecer suas reações às pessoas e mudá-las? Contar a si mesmo uma história sobre os fardos que os outros podem estar carregando ajuda a diminuir a história de ameaça ou de "alteridade" que você via antes nelas? Como você se sente depois de um único dia fazendo este exercício?

Vemos os estranhos — e muitas vezes até mesmo as pessoas que conhecemos — com nossos próprios preconceitos. O dia que tivemos afeta a maneira como percebemos as pessoas ao nosso redor. Quão raramente uma pessoa verdadeiramente feliz acredita que os outros que estão por perto têm intenções ruins? E quantas vezes tivemos um dia terrível e decidimos que as pessoas que vimos estão "nos encarando" ou tentando "nos atingir" de alguma forma?

Em 2012, o escritor John Koenig cunhou a palavra "sonder" em *O dicionário das tristezas obscuras*, seu projeto voltado a encontrar termos para aqueles sentimentos que ainda não tinham palavras em inglês. Ele descreveu o significado como "o sentimento profundo de perceber que todos, incluindo desconhecidos que passam na rua, têm uma vida tão complexa quanto a nossa, que estão constantemente vivendo, apesar da nossa falta de consciência sobre isso". O estoicismo encoraja essa compreensão, o sentimento profundo de que tudo o que possa nos dividir, as ricas vidas interiores que vivemos e o próprio fato da nossa humanidade nos unem de modo muito mais significativo, prático e emocional.

> **O universo produziu criaturas racionais para o bem umas das outras, visando ao benefício mútuo baseado no valor verdadeiro e nunca no dano.**
> — MARCO AURÉLIO

Apesar de nossas falhas, somos muito mais racionais do que acreditamos ser. Boa parte dos nossos piores sentimentos, do medo, da ansiedade e da raiva, vem de experiências de vida ou de experiências pontuais de outras pessoas que foram compartilhadas conosco. Mas isso não torna esses sentimentos — transmitidos de modo inquestionável, às vezes durante décadas — racionais em si mesmos.

Como disse certa vez um escritor do Tumblr: "Se você levar seu carrinho pelo mesmo caminho, em breve esse vai ser o único caminho que você poderá seguir". É uma maneira perfeita de encarar as mudanças que podemos fazer na nossa vida cotidiana. Se pensarmos apenas em termos de medo e raiva, em algum momento esse vai ser o único jeito como conseguiremos pensar, e será a "realidade" do nosso mundo. Mas se, em vez disso, fizermos um pequeno desvio para longe da desconfiança e da preocupação, para longe de enxergar todo mundo como potencial ameaça ou inimigo, vamos reduzir o risco de que cada dia seja repleto de desconfiança, medo, ameaças e inimigos.

EXERCÍCIO

Quando foi a última vez que você testemunhou um ato de bondade entre dois desconhecidos? Você já praticou ou experimentou um ato como esse? Que efeito esse ato de bondade poderia provocar na vida de ambos?

Esta semana, você consegue encontrar uma oportunidade para praticar um ato de bondade para um

> desconhecido, por exemplo, pegar alguma coisa que alguém deixou cair ou se oferecer para compartilhar seu guarda-chuva? Quão bem esse tipo de atitude faz você se sentir, antes e depois? Isso lhe dá alguma noção de como você está conectado com as pessoas ao redor? Você praticaria outro ato como esses no futuro?

Quando eu era mais novo, tinha muita dificuldade para enfrentar minhas ansiedades e até mesmo para sair de casa. Eu andava sempre de cabeça baixa, convencido de que os outros estavam olhando para mim e falando de mim, algo que hoje chamamos de efeito holofote, pelo qual acreditamos que somos muito mais notados do que de fato somos. Um dia, porém, comecei a ver os outros como pessoas próximas, que tinham problemas, que eram filhos e filhas, parceiros, pais, funcionários e irmãos. Percebi que tudo o que eu estava sentindo eles também poderiam estar sentindo, e que na verdade o mundo não girava ao meu redor. Foi um alívio imenso perceber que na maioria das vezes ninguém estava pensando de verdade sobre o que eu estava fazendo, vestindo ou dizendo. Eu não precisava ser tão incrivelmente egocêntrico porque, na escala de tudo, eu não tinha tanta importância na vida da maioria das pessoas, então o que eu poderia fazer era tentar ajudá-las com as coisas com que *elas* estavam tendo dificuldades.

Somos perfeitamente capazes de treinar alguns dos nossos pensamentos. Muitas vezes, nossas preocupações e ansiedades são cultivadas: quanto mais nos preocupamos, melhor nos tornamos nisso. Quanto mais nos concentramos em nossas ansiedades, mais elas aumentam e mais rápido nosso cérebro pode acessá-las. Se conseguirmos sair da nossa zona de conforto e gradualmente perceber a "irrealidade" de muitos dos nossos medos, podemos potencialmente torná-los cada vez mais fracos, até desaparecerem. Quanto mais conseguirmos estar presentes em nossa própria existência, mais vamos perceber que nossos medos não são necessários e vamos ter espaço para nos envolvermos no que realmente está acontecendo no momento.

> **Tudo o que a Terra produz foi criado para uso do homem, assim como os homens nascem para o bem dos homens, para que possam se ajudar mutuamente. Nessa direção, devemos seguir a Natureza como nosso guia, contribuir para o bem geral através de um intercâmbio de atos de bondade.**
> **— CÍCERO**

Muitos estoicos acreditavam que os produtos da Terra — animais, plantas, água — existiam para proveito dos seres humanos. Mas eles nunca poderiam ter imaginado o poder que tivemos sobre o ambiente ao redor durante as últimas centenas de anos e o efeito que exercemos sobre esses produtos. Então, o que os estoicos teriam pensado sobre o uso da Terra pelo homem neste mundo industrializado e globalizado?

As metáforas simples do estoicismo são fundamentais aqui. Se você se comportar mal com o ambiente, vai ter um ambiente maltratado. Então, se abusarmos do nosso ambiente com poluição e exploração, vamos ter um ambiente explorado e poluído para viver. Embora os antigos estoicos pensassem no âmbito local, os estoicos modernos podem dimensionar o pensamento para uma visão global. Estamos todos conectados, portanto, quer se trate do ambiente (nosso ambiente não é diferente, em termos de necessidade de ser cuidado e respeitado, do ambiente de um cidadão da China, de Bangladesh ou dos Estados Unidos) ou da comunidade (esses cidadãos também estão na nossa comunidade humana), nossa perspectiva estoica consiste em garantir que o que é bom para nós é bom para todos.

O blogueiro de viagens Matt Kepnes observou: "As pessoas são realmente iguais em toda parte. Quando interagimos com as pessoas, quando as observamos se deslocando, lavando roupa, fazendo compras no mercado e todas as outras coisas cotidianas que fazemos em casa, acabamos internalizando a ideia de que, fundamentalmente, cada um de nós quer simplesmente as mesmas coisas: ser feliz, estar seguro e protegido, ter amigos e familiares que nos amem. O como fazemos o que fazemos é diferente, mas o porquê é universal". Há uma universalidade na humanidade de que costumamos esquecer: a de que, em termos estoicos, o fogo queima para cima, as plantas crescem, os animais migram e alimentam seus filhotes, e a natureza dos seres humanos é raciocinar. Todos os seres humanos têm essa natureza, e todos somos capazes de desenvolvê-la — algo que alguns defensores da filosofia on-line enfrentam dificuldades em aceitar. Já houve quem tentasse argumentar comigo que as mulheres não podem ser estoicas, e é constrangedor saber que isso sequer foi cogitado. Por que não perguntar a Pórcia Catonis, filha de Catão, o Jovem, e esposa do assassino de César, Brutus, que afirmou sobre sua esposa: "Embora a fraqueza natural de seu corpo a impeça de fazer o que só a força dos homens pode realizar, ela tem uma mente tão valente e ativa para o bem de seu país quanto o melhor de nós"? Por que não perguntar a Musônio Rufo? Ele esclareceu: "Não são apenas os homens que têm avidez e inclinação natural pela virtude, mas também as mulheres. As mulheres ficam tão satisfeitas quanto os homens com atos nobres e justos e rejeitam o oposto de tais ações. Assim, por que é apropriado que os homens procurem e examinem como podem viver bem, isto é, pratiquem filosofia, mas não as mulheres?". Ou Fânia, uma estoica do século I d.C. que foi repetidamente exilada por apoiar o estoicismo, sobre cuja morte iminente Plínio, o Jovem, escreveu: "É triste pensar em uma mulher tão excelente sendo arrancada de todos nós, que temo que nunca mais veremos como ela é". Ou ainda Elizabeth Carter, uma progressista do século XVIII que foi a primeira pessoa a traduzir o livro de Epicteto, *Discursos*, para o inglês, e que apoiou tanto a Sociedade pela Efetivação da Abolição do Tráfico de Escravos quanto o Círculo Bluestocking, um dos primeiros grupos feministas de mulheres a incentivar a educação feminina. Não é uma questão verdadeira — é claro que as mulheres são estoicas, como todos os humanos que, independentemente do sexo, vivem com a razão. Viver com essa razão, aproveitando-a e praticando-a, é viver de acordo com o que torna o ser humano único entre todos os outros seres vivos.

Os exemplos positivos também são vitais aqui, tanto em termos de comportamentos quanto de ações. Bons modelos plantam as sementes de bons comportamentos futuros naqueles que os testemunham. Embora o ato de fazer o bem seja suficiente no estoicismo, existe a possibilidade de essas boas ações ecoarem e se espalharem pelos meses ou anos seguintes. Alguém que demonstra cuidado conosco nos incentiva a demonstrar cuidado com outras pessoas que precisam; alguém que demonstra cuidado com a natureza e com seu entorno incentiva os outros a continuarem com esse comportamento, e incentiva a natureza a florescer naquele entorno, obtendo uma base para se recuperar e ajudar outros a impulsionar o florescimento de plantas e animais ao redor.

Quando conseguirmos absorver plenamente a ideia de que somos uma comunidade, com inúmeras opiniões e hábitos, vivendo em um hábitat, nos abrimos para a empatia, a paz, a recuperação ambiental e para uma melhor saúde global.

RESUMINDO
Todos vivemos em uma existência interconectada, e cada ação repercute nela.
Decida o que você deseja propagar para o mundo.

Façam o que fizerem, digam o que disserem, preciso ser um homem bom. É como se uma peça de esmeralda, ouro ou púrpura estivesse sempre dizendo: "Façam o que fizerem, digam o que disserem, preciso ser uma esmeralda e conservar minha cor".

―

MARCO AURÉLIO

CAPÍTULO 8

Polegar para cima, polegar para baixo

ou Bem e mal

Como vimos no capítulo 5, Marco Aurélio foi um grande homem que talvez não tenha conseguido ser tão bom quanto desejava. Ele usava seus escritos para lidar com sua consciência da morte e com seus problemas ligados à raiva, e para se esforçar diariamente em direção ao seu objetivo de bondade e às Quatro Virtudes.

Mas ele também acreditava que ser bom era da natureza humana básica, que o mal existia e sempre existiria, mas que era nosso imperativo como estoicos e seres humanos conhecermos o caminho adequado para a eudaimonia, nos conectarmos com os outros e fazermos o bem que conseguirmos. Fazer uma coisa que parece tão difícil não significa que o esforço não valha a recompensa.

Infelizmente, é fácil ser cínico e perder a esperança. É fácil acreditar que o mundo está uma bagunça, que nada de bom dura, que tudo acaba e que coisas terríveis acontecem com pessoas boas. Você pode acreditar nisso, desistir da esperança e achar que sim, a vida é muito triste, mas isso é fácil, e você nunca vai precisar se esforçar por nada nem corre o risco de alguém provar que está errados. Isso libera você para viver como quiser, porque nada importa mesmo. Essa forma de pensar pode parecer terrivelmente confortável rápido demais.

Mas ter esperança dá trabalho, e as pessoas corajosas veem o que há de bom na vida, mesmo quando elas mesmas não tiveram sorte. Ter bondade também dá trabalho. Se uma pessoa "má" quer dinheiro, ela pode roubar ou explorar outras pessoas para consegui-lo, enquanto uma pessoa "boa" não tem essas opções. A "maldade" é fácil e não requer força moral nem interior, enquanto a "bondade" exige fortaleza real. Pense em Ned Flanders de *Os Simpsons*, o vizinho gentil e prestativo da família protagonista há mais de trinta anos: em alguns aspectos ele é um tolo cômico, sempre um saco de pancadas para a raiva, a ganância ou a preguiça de Homer, mas sua força interior e suas crenças morais permitem que ele mantenha sua filosofia de vida de bondade, não importa o que seja jogado contra ele.

Ao longo da vida, todos enfrentamos basicamente os mesmos problemas, e, quando conseguimos superá-los e ainda sermos bons, e ainda fazermos escolhas para espalhar a bondade no mundo, demonstramos um tipo imenso de força. Em algumas das situações mais sombrias e difíceis da história da humanidade, ainda houve pessoas que demonstraram e incentivaram a esperança e a bondade, a generosidade e o humor, o otimismo e a gentileza. Se as criações mais aterrorizantes da maldade humana ainda podem conter seres humanos no seu melhor, o que podemos fazer agora em nossas próprias vidas?

Ned Flanders pode ser cômico contra o "realismo" cínico de Homer, mas quem está tendo uma vida melhor? A cada episódio, Homer fica cheio de raiva, frustração, insatisfação e desespero, enquanto a vida de Ned é cheia de alegria, amor, bondade e otimismo. Não importa o que Homer jogue contra ele (às vezes literalmente), Ned acredita no melhor e, portanto, é recompensado com os sentimentos resultantes de manter essa visão. A esperança e o amor não são uma fraqueza ou uma opção frágil — requerem uma filosofia moral clara que nos dá as ferramentas para ver o mundo como um lugar melhor e para o qual vale a pena trazer mais bondade.

Certos grupos sociais, especialmente na internet, acreditam que a força vem de não aceitar nada de ninguém. Isso significa se isolar para aumentar a força mental, eliminar a dependência dos outros, se comportar do jeito que achar que lhe beneficia mais, posicionar os outros "abaixo" de si e muitas vezes acreditar que as mulheres são culpadas por todos os acontecimentos e situações de que os homens nesses grupos não gostam em suas vidas. Ao se alienarem dos membros "mais fracos" da sociedade, eles se tornarão os homens "fortes" que "deveriam ser". Eles têm tanto medo de serem vulneráveis que afastam o mundo e escondem suas dores com uma falsa confiança, mas isso os impede de serem a melhor versão de si mesmos que poderiam ser. É preciso muita força para ouvir as críticas e sentir a dor delas, para ainda trabalhar em si mesmo e estar aberto ao otimismo e à alegria. Quantos desses grupos estariam dispostos a fazer isso, a estabelecer as conexões que são exatamente do que a sociedade depende para crescer e melhorar, coletiva e individualmente? É fácil rir do tipo de trabalho duro que Ned Flanders realiza para transformar seu mundo em um bom lugar, e é fácil deixar um lugar pior do que encontramos — é preciso força e esforço para mudar nosso comportamento e fazer o trabalho que torna as coisas melhores para todos. Mas esse é o ponto: isso melhora as coisas para todos.

> **EXERCÍCIO**
> Este exercício é chamado de *premeditatio malorum* — meditação negativa.
> Sente-se em um lugar tranquilo. Imagine que uma coisa muito ruim aconteceu com você, talvez uma coisa que lhe provoque um grande medo. Talvez isso seja o suficiente por ora — talvez você consiga ir mais longe.
> Se puder, imagine que tudo deu errado. Você perdeu tudo e todas as pessoas que conhece.
> Reflita sobre isso por um momento. Permita-se aceitar que tudo passa.
> Agora se conscientize de que isso não aconteceu. Você sente gratidão pelo que ainda tem? É capaz de praticar essa gratidão todos os dias? Um dia tudo estará perdido, mas a gratidão não oferece mais oportunidades de fazer o bem no mundo?

Não perca mais tempo discutindo sobre como deveria ser um homem bom. Seja um.
— MARCO AURÉLIO

Fred Rogers foi um ministro religioso americano, criador da série de TV de educação infantil *Mister Rogers' Neighborhood* [Bairro do Senhor Roger, em tradução livre], um programa focado em nutrir nas crianças um sentimento de admiração, curiosidade e empatia em relação ao mundo em que estavam crescendo. Ficou famosa uma frase que ele disse em uma entrevista para a Television Academy Foundation: "Quando eu era menino e via coisas assustadoras nas notícias, minha mãe me dizia: 'Procure pelos que ajudam. Você sempre vai encontrar pessoas que estão ajudando'". Foi um conselho que ele criou para as crianças, para confortá-las em tempos de desastre, mas é um conselho que ainda vale para os adultos quando assistimos a notícias globais sobre as quais não temos controle. Para um estoico, podemos levar esse conselho ainda mais longe, sendo ajudantes práticos. Durante a pandemia de covid-19, a sociedade não entrou em colapso. Enquanto atravessavam dificuldades e incertezas, vizinhos ajudaram uns aos outros, países se uniram com doações e compartilharam investigação científica, e as pessoas tentaram se manter conectadas apesar de tudo, fazendo coisas como tocar música em varandas de apartamentos e criar grupos comunitários de WhatsApp para verificar as necessidades de membros vulneráveis. Quando a guerra na Ucrânia começou, o país recebeu doações de todo o mundo na forma de roupas, alimentos, suprimentos, mão de obra e dinheiro. As pessoas querem ajudar.

É claro que não é necessário um desastre para sermos as pessoas que ajudam. Para a maioria de nós, na maioria dos dias, não haverá grandes desastres, mas vamos enfrentar contratempos, acidentes e maldades. Cada um de nós pode escolher fazer o bem nessas circunstâncias, em cada uma das situações com que nos depararmos.

Lembro de um dia estar dirigindo pela neve em uma cidade e notar um grupo de garotos na beira da estrada, vendo os carros que derrapavam. Pensei — lembrando-me de como eu era naquela idade — que eles estavam esperando para atirar bolas de neve nos carros ou nos passageiros, mas, enquanto observava, percebi que estavam esperando para ajudar. No caos do trânsito e do clima, eles empurravam os carros que precisavam, comportando-se com calma e alegria, e muitos carros que teriam ficado ali presos por horas seguiram em segurança para casa por causa daqueles garotos. Passei semanas pensando naqueles meninos, espantado com minha interpretação equivocada e pelo fato de que eles haviam escolhido existir no mundo não como observadores das dificuldades, mas como participantes ativos do bem, aproveitando a oportunidade que tinham para ajudar. Eles só precisaram decidir fazer a coisa certa naquele momento. Da mesma forma, vi um garoto esperando no ponto de ônibus sendo encarado pelas pessoas por conta de suas roupas "maltrapilhas" e de seu comportamento. Eu também o julguei com base na sua aparência. Levei um momento para perceber que ele estava catando lixo do chão, sem ninguém para encorajá-lo ou reparar no que ele estava fazendo. Ele claramente só estava fazendo aquilo enquanto esperava o ônibus, acreditando ser a melhor coisa que poderia fazer com o tempo que tinha. Ele é a razão pela qual eu agora recolho lixo das ruas quando faço caminhadas.

Muitas vezes essas boas ações não nos custam nada, mas ainda assim hesitamos em realizá-las. E se a pessoa não quiser ajuda? E se ela rejeitar nossa oferta? E se fizermos errado? E se piorarmos as coisas? Mas nós nos lembramos das ofertas de bondade que recebemos, não é? Dos momentos em que estávamos desesperados, sozinhos e vulneráveis e alguém, sem motivo, interveio e nos ajudou, em termos práticos ou emocionalmente. Essas pessoas não tinham motivo para fazer isso, não queriam nada em troca, foi um simples ato de bondade humana que provavelmente fez nosso dia e permaneceu conosco por muito tempo. Talvez até tenham nos influenciado a praticar nosso próprio ato de bondade no mundo, sem recompensa ou propósito claro. Um comentário gentil ou um sorriso podem permanecer conosco por muito tempo depois que o momento passa, assim como um gesto cruel, mas esse gesto positivo de bem rompe a crença de que o mundo é um lugar ruim. Se o mundo está tão sem esperança, por que alguém sorriria para nós sem motivo?

EXERCÍCIO
Este exercício é parecido com o do capítulo anterior, mas desta vez vamos pensar em maneiras como você pode trazer a bondade para a vida das pessoas ao seu redor, em vez dos desconhecidos.

Quando prepara o almoço para levar para o trabalho, você pode fazer uma porção a mais para dividir com alguém? Você pode oferecer uma carona para um amigo? Você poderia preparar uma rodada de café para os colegas ou enviar um cartão para alguém com quem deseja voltar a entrar em contato?

> Reserve um momento para pensar no que esses gestos poderiam significar para você se os recebesse. Pense no poder que você tem para transformar o dia de alguém em um dia bom e na diferença que isso pode fazer.

Na filosofia estoica, o mal existe como a presença dos Quatro Vícios: ignorância, injustiça, covardia e destemperança. Já discutimos antes que um objeto não é bom ou mau por si só — são os vícios ou virtudes que praticamos com ele que ditam sua condição. O dinheiro em si é neutro, mas se o usarmos para explorar ou abusar das pessoas torna-se um vício. Se gastarmos ajudando os outros, é virtuoso. Mas é muito menos provável que façamos o "mal" com uma virtude — pouco mal advém de sermos sábios demais, justos, corajosos ou moderados demais. E a recíproca é verdadeira: é raro que uma consequência boa possa advir da ignorância, da injustiça, da covardia ou da destemperança. Uma pessoa que age por vício nunca pode ter a intenção de fazer o bem, e uma pessoa que age por virtude raramente comete o mal.

Como @cryptoseneca disse: "É fácil identificar um carro amarelo se estivermos procurando por um carro amarelo", algo conhecido como o fenômeno Baader-Meinhof. Se a sua missão é encontrar um carro amarelo, de repente eles começam a aparecer por toda parte — como é que você nunca percebeu quantos carros amarelos existem pelas ruas? Sempre podemos encontrar aquilo em que nos concentramos — onde colocamos nosso foco, também colocamos nossa energia. Se você depositar toda a sua energia em acreditar que o mundo é um lugar ruim, com pessoas más fazendo coisas sinistras e pessoas como você sendo esmagadas e afastadas, é exatamente isso que verá. Se você vê o mundo com covardia, ignorância, injustiça e destemperança, verá isso refletido em você. É algo fácil de fazer, mas torna a vida muito mais difícil. Você não se decepciona, mas isso diminui seus próprios padrões, porque, se todo mundo está fazendo isso, por que você não pode fazer?

Pense em como você se sente exausto quando todas as histórias que conta depois de um dia difícil falam sobre as coisas ruins que aconteceram com você. Você se sente melhor por ter tirado isso do peito? Ou existe um sentimento maior de que algo não está certo na sua visão de mundo e você não contou a história certa sobre o que o mundo realmente é? Como disse Marco Aurélio, "A alma fica tingida com a cor de seus pensamentos".

Lembro da história de dois gêmeos, criados num lar com um pai alcoólatra e violentamente abusivo. Na vida adulta, um dos gêmeos se tornou um alcoólatra abusivo e divorciado; o outro, um pai e marido amoroso. Quando questionados sobre por que haviam ficado como ficaram, ambos deram a mesma resposta: "Porque meu pai era um bêbado violento e abusivo". Queremos perpetuar o mal que existe ou queremos assumir o controle sobre o modo como vemos nossas oportunidades?

EXERCÍCIO
Eles podem ser difíceis de detectar no início, mas tente perceber os pequenos atos de bondade e os prazeres do mundo. No celular ou em um caderninho, anote toda vez que notar uma dessas coisas. Talvez seja apenas uma chuva forte, um passarinho cantando ou alguém segurando a porta de uma cafeteria para você entrar.

Em breve você vai começar a vê-los cada vez mais. Alguém do trabalho fez um bolo e dividiu; não foi uma gentileza? Alguém no ônibus deu para você o jornal que acabou de ler. Você não conseguiu a promoção, mas pode praticar bastante para a próxima entrevista que fizer. Sua comida queimou porque você a esqueceu no forno, mas agora você tem a oportunidade de experimentar aquele lanche da esquina. E o pessoal da lanchonete não foi supergentil quando você foi buscar seu pedido?

Depois de uma semana, como você se sente ao olhar para sua lista? Você acha que ficou mais fácil perceber coisas boas no mundo?

Quando desafios realmente grandes aparecem na sua vida, você ainda consegue perceber o que há de bom?

O mal existe, assim como existe o bem. Sempre haverá o mal, assim como sempre haverá o bem. Mas a filosofia estoica nos ensina que aceitar a maldade não significa necessariamente que vejamos o mundo como um lugar ruim e sem esperança — em vez disso, entendemos que ter aceitação significa ver o espaço para o qual podemos nos mover para praticarmos a bondade. E a sermos corajosos o suficiente para oferecer o bem mesmo quando ele parece injustificado ou desnecessário. Lembro-me de observar por um minuto ou dois alguém que havia levado um tombo em um shopping center. Os clientes continuavam passando pela pessoa sem nem sequer diminuir o ritmo. Continuei observando, presumindo que ela já estava recebendo ajuda ou não precisava dela — talvez nem fosse aceitar se eu oferecesse. Isto é conhecido como "efeito do espectador", em que, quanto mais pessoas houver, mais pessoas presumem que os outros são mais capazes de ajudar alguém necessitado e que a sua própria ajuda pode ser indesejada ou mesmo arriscada. Por fim, criei coragem e fui perguntar, e a pessoa precisava de ajuda sim. Minha confiança nas atitudes da multidão quase me enganou completamente.

Somos capazes de eliminar o poder do Mal sabendo que podemos fazer o Bem a cada momento consciente. Sempre haverá espaço para fazermos a coisa certa. Cerca de dois mil anos depois dos filósofos estoicos originais, o escritor escocês Robert Louis Stevenson observou isso e sugeriu: "Não julgue cada dia pela colheita que faz, mas pelas sementes que planta".

Sempre podemos escolher nossa perspectiva, e o tipo de mundo em que vivemos.

EXERCÍCIO
Lembrando nosso jogo do Estoicismo™ do capítulo 5, imagine todas as pessoas grosseiras que fazem parte do jogo. Elas não são enviadas para atormentar ou incomodar você pessoalmente. Elas são um tipo de ser humano conhecido naquele momento como "a pessoa grosseira". Elas são um fenômeno que ocorre naturalmente e que faz parte da humanidade tanto quanto o nascimento e a morte. Então, simplesmente observe essas pessoas!

Repare no que elas fazem e em como expressam sua grosseria. É por meio da raiva? Do sarcasmo? Da agressão? Você não consegue exercer nenhum efeito sobre as decisões delas, mas tem a chance de oferecer alguma bondade a essas pessoas grosseiras em particular? Você pode oferecer seu lugar ou perguntar se elas aceitam uma xícara de chá?

A empatia estoica permite que você entenda que a pessoa grosseira simplesmente ainda não aprendeu a comunicar o que está sentindo. Mas esta ainda é uma oportunidade para você praticar suas habilidades no Estoicismo™.

Não explique sua filosofia. Incorpore-a.
— EPICTETO

Ouvimos muito sobre Epicteto, um filósofo estoico com deficiência física, que nasceu na escravidão e suportou uma vida cheia de dificuldades. Depois de tudo o que viveu, ele escolheu o caminho estoico e foi aclamado como um filósofo prático, incorporando seus ensinamentos por meio do exemplo e vivendo de fato a filosofia que ele ensinou. Não temos amostras remanescentes de quaisquer escritos que ele possa ter produzido. Na verdade, acredita-se que seu foco estava tanto em viver de acordo com os princípios do estoicismo e em instruir aqueles ao seu redor que os escritos dele que temos vêm apenas de estudantes que copiaram suas palavras enquanto ele as pronunciava.

Mas o estoicismo perdurou não apenas nos escritos que sobreviveram e foram transmitidos. A filosofia estoica continua a ser ensinada — e vivida — porque é uma filosofia que se desenvolve e evolui ao longo do tempo. Como era comum na época, alguns dos primeiros estoicos mantinham escravos. Os estoicos modernos refletem sobre o meio ambiente e o desenvolvimento global, a psicologia moderna e a transformação social. O estoicismo muda ao longo da história porque o mundo muda. Mas você não precisa saber nada sobre a história do estoicismo para ser um estoico verdadeiro.

Sempre que me lembro do varredor de rua que me deu aquele livro no ponto de ônibus, volto a ficar impressionado com o gesto. Ele não tinha absolutamente nenhum motivo para me notar, para se lembrar do que eu estava fazendo todas as manhãs, para ver o livro e relacioná-lo com minha leitura, para pegá-lo e cuidar dele, até me encontrar novamente e me presentear com o exemplar. Não havia motivo para nenhuma dessas coisas da parte dele. Mas ele escolheu fazer o bem, e isso permaneceu comigo durante anos — quem sabe o quanto dessa única ação me tornou o estoico que sou hoje.

E lembre-se, como disse Marco Aurélio: "Quando praticamos uma boa ação de que outros se beneficiaram, por que precisamos de uma terceira recompensa (como fazem os tolos), um elogio ou um favor em troca de ter feito algo bom?". Os estoicos praticam boas ações porque melhoram o mundo, e, juntamente com a construção do nosso caráter, essa é a única recompensa de que precisamos. Praticar uma boa ação é a recompensa em si, e, se nos comprometermos a tornar isso um hábito, é algo que provavelmente se tornará uma inclinação natural para encontrar oportunidades para fazer ainda mais. Não precisamos procurar pelo bem — podemos *ser* o bem. Isso se tornará um instinto, uma tendência que talvez você nunca tenha pensado que fazia parte do seu caráter. Mas agora você construiu seu caráter, e sua natureza desenvolvida é fazer o bem sempre que puder. Vá em frente e continue construindo.

RESUMINDO
O mal existe no mundo, e coisas ruins acontecem com pessoas boas.
Mas você sempre pode escolher ser bom e fazer boas ações aonde quer que vá.

Se alguém puder provar que estou errado e me mostrar meu erro em qualquer pensamento ou ação, mudarei com prazer. Busco a verdade, que nunca fez mal a ninguém: o problema está em persistir no próprio autoengano e na ignorância.

—

MARCO AURÉLIO

CAPÍTULO 9

Você conhece aquela vozinha na sua cabeça

ou A verdade é boa

Dizem hoje em dia que há muitas verdades, que todas merecem respeito e igual atenção. A minha verdade, a sua verdade, a verdade dos sentimentos de um observador. Quando essas verdades se contradizem, como podemos saber qual "verdade" seguir?

Marco Aurélio enfrentou o mesmo problema há dois mil anos. Ele reconhecia que a verdade é um fato da vida, algo a ser buscado e descoberto, e que ignorar ou fugir da verdade é extremamente prejudicial.

Poderíamos dizer agora que é uma *verdade* inegável que alguém que nos diz algo ofensivo é prejudicial. Mas será que isso é realmente uma verdade inegável? Um estoico argumentaria que, na realidade, alguém que nos diz algo "ofensivo" tem duas raízes possíveis: ser uma verdade que pode nos deixar desconfortáveis mas tem o potencial de nos ensinar alguma coisa e melhorar nossa vida; ou ser uma mentira e, portanto, não precisamos prestar atenção a ela. De qualquer forma, não há por que isso nos causar dor.

Se formos totalmente honestos conosco e ouvirmos aquela vozinha em nossa cabeça nos empurrando para o que temos de melhor, sabemos que todos temos preconceitos e maneiras de investir em situações e pessoas que podem estar completamente desconectadas da realidade.

Usamos esses preconceitos para fazer julgamentos sobre como agir e reagir em situações, sejam elas diretas (como tratamos as pessoas) ou indiretas (como podemos pensar sobre as ações dessas pessoas, mesmo que não tenhamos nada a ver com essas ações ou consequências).

A verdade é na prática um atalho útil, um caminho rápido para a realidade de qualquer situação. Existe aquela famosa expressão sobre a verdade estar em algum lugar entre as versões de duas pessoas, e é aí que precisamos nos encontrar como estoicos. Portanto, se estamos discutindo, as paixões e os egos de ambas as partes interferem. Nós queremos vencer, e isso significa que podemos distorcer, exagerar ou lembrar erroneamente da verdade para o nosso ponto de vista ser apresentado de forma suficientemente eficaz a fim de que possamos "vencer". Mas, já que entramos na discussão com um viés, nosso foco não é chegar a uma verdade que beneficie todas as partes, mas usar qualquer aspecto da "verdade" original como prova para podermos obter o que queremos.

Se, contudo, tentarmos vê-la do ponto de vista de um deus, sem qualquer interesse no debate, somos capazes de enxergar as *coisas* com muito mais clareza. Discussões entre amigos, familiares, de casais ou entre colegas devem ser tratadas como uma parte desinteressada, alguém que está tentando obter o maior benefício para todos, com uma visão clara sobre o que aconteceu antes e sem qualquer envolvimento do ego que seja capaz de fazer a conversa sair do controle. E, como estoicos, podemos usar essas discussões para encontrar nossas próprias fraquezas: o que poderia ser verdade sobre os pontos levantados "contra" nós? Como poderíamos trabalhar para construir nosso caráter contra as falhas que nos foram mostradas? Questões específicas foram levantadas? Descobrimos nosso próprio temperamento ou atitude defensiva na conversa? Ter sabedoria, afinal, é compreender os outros e a nós mesmos.

> **Se não estiver certo, não faça;
> se não for verdade, não diga.**
> — MARCO AURÉLIO

O que é a verdade e como a encontramos?

Na filosofia estoica, existem três elementos na Verdade. Segundo Marco Aurélio, a chave para encontrar a verdade é dividir as coisas em sua forma mais simples:

1. **O Assunto Verdadeiro**
Isso significa, por exemplo, que o vinho, mesmo servido em lindas taças, ainda é simplesmente uva fermentada. Adotar essa visão sobre duas pessoas discutindo talvez seja perturbador, desagradável, emotivo e difícil em nossa mente, mas, se dividirmos a realidade em partes, uma discussão consiste basicamente em duas pessoas fazendo barulho sobre um assunto sobre o qual, na melhor das hipóteses, elas não têm

informações completas ou, na pior, só estão debatendo com más intenções para buscar atenção e aprovação.

2. **O Bem Verdadeiro**
Significa compreender que o caminho para a eudaimonia e para a verdadeira bondade em nossas vidas é seguir as Quatro Virtudes e viver de acordo com isso. Os estoicos se dividem sobre se boas ações podem ou não resultar em alguma coisa ruim, porque sempre pode haver consequências não intencionais e imprevisíveis, mas o estoicismo também diz que não há razão para evitar o Bem Verdadeiro.

3. **O Sentimento Verdadeiro**
Se nos concentrarmos nas Virtudes, vamos descobrir naturalmente como acessar a verdade em nossa vida cotidiana, o que também é conhecido como Sentimento Verdadeiro — a clareza que permite fazer uma pausa quando algo acontece e reconhecer que nossa perspectiva individual está nos empurrando em uma direção específica.

Mas e se nosso julgamento falhar? Como podemos fazer uma avaliação confiável se nosso julgamento for imperfeito? Especialmente agora que a verdade objetiva — ver com nossos próprios olhos — já não é uma questão simples. Mesmo deixando de lado nossos preconceitos e perspectivas, as fotos e os vídeos que vemos na internet todos os dias não são "reais", mas construídos com softwares de edição e filtros. As pessoas não têm a aparência que dizem ter, suas vidas são filmadas e concebidas para serem percebidas de maneira positiva, seus relacionamentos, empregos e férias são representados de uma forma que pode estar a quilômetros de distância dos fatos reais. Mas ver as fotos e os vídeos nos inspira reações: de ciúme, insatisfação ou vontade de imitar em nossas próprias vidas o que vemos.

Aceitamos tantas inverdades em nossos relacionamentos com os outros e com nós mesmos que talvez não aceitássemos se conseguíssemos desemaranhar nossas emoções e os conflitos entre pontos de vista diferentes. Se vemos um par de tênis de que gostamos muito em uma loja mas descobrirmos que a loja não tem o nosso número, não compramos, porque a verdade da situação é que não vamos conseguir usar os tênis — eles não serviriam em nós. Poderíamos suportar a dor de serem pequenos demais ou usar mais meias se fossem grandes demais, mas isso não seria confortável. No entanto, nosso viés pode atrapalhar a verdade quando se trata de parceiros, amigos, colegas, família. O fato é que nosso julgamento sempre estará errado de uma forma ou de outra. No entanto, praticando o Assunto Verdadeiro, o Bem Verdadeiro e o Sentimento Verdadeiro e desenvolvendo diariamente o nosso caráter, construímos uma base que oferece a oportunidade de reduzir as imperfeições nas nossas avaliações.

> Se alguém lhe disser que certa pessoa fala mal de você, não justifique o que foi dito a seu respeito, mas responda: "Ele desconhece meus outros defeitos, caso contrário não teria mencionado apenas esses".
> — EPICTETO

Lidar com a verdade às vezes pode parecer um trabalho árduo. Como observa o escritor e praticante do minimalismo Joshua Fields Millburn: "As pessoas muitas vezes evitam a verdade por medo de destruir as ilusões que construíram". Eu estava convencido de que, para conseguir tudo o que queria, precisava trabalhar sete dias por semana, ter semanas de cem horas de trabalho, cada hora em que pudesse manter os olhos abertos. Mais trabalho equivaleria a mais recursos na outra ponta. É claro que fiquei exausto e demorei muito tempo para reconhecer que descansar significava funcionar muito melhor nos meus dias de trabalho. Meu ego interferiu na ilusão que eu havia construído para mim mesmo, e eu perdi a Moderação de vista.

A verdade não ofende. Não pode ofender. Ela é simplesmente uma descrição real. Uma expressão dela pode ter a intenção de ser um insulto, e podemos considerar que alguém está tentando ser grosseiro conosco, mas, como vimos no capítulo 4, simplesmente aceitamos que existem pessoas grosseiras e que a nossa função é não nos envolvermos com a grosseria delas. Como o cachorro latindo ou o corvo agitado, o Verdadeiro Assunto das pessoas grosseiras é que elas são grosseiras, mas essa é apenas a forma da existência delas em nossas vidas naquele momento. Isso não significa que elas sejam más ou mesmo que estejam tentando nos aborrecer. Como seres humanos, num mundo de alta velocidade, grandes expectativas e elevados níveis de ruído, temos a tendência a nos sentirmos incomodados quando não há nenhuma intenção pessoal.

Mas isso não significa necessariamente que o que uma pessoa grosseira está dizendo não pode ter a verdade em sua essência. Encontrar a verdade em qualquer discussão é mais uma questão de colaboração do que de competição. Não precisamos "vencer" a discussão. Na verdade, o único jeito de vencer uma discussão é abordá-la como uma oportunidade para aumentar nossa sabedoria e compreensão, e não para beneficiar nosso status. Cada debate é uma oportunidade para encontrarmos uma verdade que talvez não tivéssemos considerado por estarmos presos à nossa ignorância, injustiça, covardia ou destemperança — mas agora temos a oportunidade de ver uma verdade nova e mais objetiva. Talvez tenhamos sido descuidados ou egoístas. É a nossa chance de enxergar uma nova verdade sobre nós mesmos.

> **EXERCÍCIO**
> Sentado em um lugar onde haja poucas chances de ser perturbado, pense no último desentendimento em que você se envolveu.
> Provavelmente você só se lembra do seu ponto de vista. Você consegue se lembrar do ponto de vista da pessoa com quem estava discutindo?

> Mantendo os dois pontos de vista em mente, você consegue se imaginar como alguém totalmente alheio à discussão — um deus ou um pássaro voando? O que eles achariam do debate? Eles seriam capazes de ver aonde a discussão estava realmente tentando chegar? Havia um destino compartilhado que vocês dois não conseguiam alcançar por estarem enredados na própria comunicação? A discussão foi uma maneira de um de vocês lidar com sentimentos difíceis? Ela estava acontecendo como uma forma de afastar o outro, e o assunto da discussão não era importante de verdade?
>
> Com essa perspectiva distante da discussão, o que cada um de vocês poderia ter feito para torná-la "bem-sucedida" e transformá-la em uma discussão tranquila para guiar ambos até onde cada um precisava chegar?

Nunca deixa de me surpreender: todos amamos mais a nós mesmos do que às outras pessoas, mas nos preocupamos mais com a opinião delas do que com a nossa.
— MARCO AURÉLIO

Todos desenvolvemos uma ideia do que é felicidade ou sucesso. Pode ser na juventude, quando estamos nos divertindo muito com os amigos no parque e alguém diz que percebeu que estávamos felizes naquele dia. É difícil, então, se livrar da sensação de que aquilo era "felicidade", e de que, quando temos um dia em que nos sentimos entediados ou mal-humorados, estamos fracassando na vida porque nosso sentimento atual não combina com o daquele momento preciso de determinada ocasião em alguém chamou nossa atenção para nossa própria felicidade.

Talvez seja uma ideia de amizade ou romance que criamos na nossa mente. Lembro de assistir ao filme clássico *Conta comigo* e de absorver a ideia de que aquilo era a amizade, de que era daquela maneira que uma amizade deveria ser. Levei anos para entender que *Conta comigo* não apenas tinha um elenco incrível de atores extremamente talentosos dizendo falas escritas por roteiristas extremamente talentosos como também uma trilha sonora, equipe de câmera, equipe de iluminação, diretor, editor, tudo. Era uma fantasia de como a amizade deveria ser. A vida geralmente não tem essas coisas. Já fiz viagens que tive a sensação de não rolarem como deveriam, porque a vida inclui esperar o ônibus em silêncio, parar no meio do caminho para ir ao banheiro ou alguém passar tempo demais contando uma história chata. Tanto as amizades quanto os relacionamentos podem parecer "ruins" de vez em quando. Há momentos em que podemos ter um desentendimento bobo ou sentir que o outro está sendo descuidado, e muitas vezes podemos cair na armadilha de ficar pensando em como nossos relacionamentos deveriam ser vistos de fora. Quantas pessoas você conhece que investiram toda a sua energia para fazer a festa de casamento perfeita, em vez de ter um bom casamento?

Mas esses momentos monótonos, ruins e sem trilha sonora precisam acontecer para nos desenvolvermos como pessoas, para nos ensinar a nos comportarmos com os outros, para enriquecer o tempo que passamos juntos. Qualquer um desses momentos "ruins" pode se tornar uma lembrança valiosa algum dia, quando você sentir que sua amizade ou relacionamento não é nada parecido com o que mostram os filmes ou cantam as canções de amor.

Muitas vezes gastamos muito esforço e reflexão sobre o que os outros podem estar pensando ou como estão se sentindo a nosso respeito. O modo como alguém interpreta nossas roupas, o jeito como falamos numa reunião no trabalho, como caminhamos na rua... podemos passar horas refletindo sobre a perspectiva que os outros têm de nós, nos estressando e nos preocupando sobre como podemos afetar seus pensamentos e sentimentos. Mas, se fizermos isso, vamos esquecer várias verdades fundamentais: é quase certo que eles não estão pensando em nós (ou pelo menos nem de longe tanto quanto tememos que estejam), e, mesmo que estejam pensando em nós, a interpretação que fazem não é objetivamente "verdadeira". É apenas uma opinião que sustentam e sobre a qual não temos absolutamente nenhum controle.

Todos podemos ter essas opiniões e perspectivas, mas ficarmos vinculados a elas e esquecer o quanto são subjetivas e tendenciosas pode nos impedir (pelo medo, pela ansiedade e pelos preconceitos) de nos envolvermos com o mundo e de vivermos de forma mais plena.

Se pudermos, porém, praticar hábitos estoicos para

remover emoções fortes das situações em que nos encontramos e nos lembrarmos de que essas emoções não tornam nossa interpretação verdadeira, com o hábito podemos começar a considerar essas situações "difíceis" muito mais fáceis de negociar e muito mais claras de ver.

RESUMINDO
A verdade não nos prejudica.
Busque a verdade e coloque a verdade no mundo para desenvolver bons hábitos.

A essência da filosofia é que um homem deve
viver de modo que sua felicidade dependa
o menos possível de coisas externas.

—

EPICTETO

CAPÍTULO 10

A verdade sobre suas coisas maravilhosas

ou Necessitamos de pouco, na realidade

Todos sabemos que temos muito em nossa vida. Sejam objetos (roupas, enfeites, produtos elétricos, pilhas de livros, tênis e coisas que pretendemos consertar ou vender um dia) ou planos (o idioma que definitivamente vamos aprender, o lugar que um dia vamos visitar, a ligação que faremos quando tivermos tempo), nossa vida se define pela imensa quantidade de *coisas* ao nosso redor e em nossa cabeça.

Se pensarmos em Diógenes e no seu encontro com Alexandre, o Grande (ou talvez devesse ser o contrário, já que Alexandre ficou muito mais impressionado ao conhecer o filósofo), lembramos que o famoso pensador fez um único pedido ao aclamado rei e conquistador: "Saia da frente da luz do sol".

Mas por que motivo é benéfico para nós ter menos coisas? Gostamos de nos sentirmos confortáveis, de estarmos rodeados de coisas boas, talvez até gostemos de estar na moda. Então, o que tem de ruim em possuir todas essas *coisas*?

Tudo em nossa vida hoje nos incentiva a querer o máximo possível. Redes sociais, revistas, TV e filmes nos fazem ter a sensação de que deveríamos estar sempre comprando algo ou planejando como comprar alguma coisa, e essa coisa finalmente responderá à nossa pergunta e preencherá qualquer lacuna no nosso senso de identidade. Queremos sentir que estamos progredindo na vida, e o jeito mais simples de sentir isso é acumulando e melhorando nossas coisas — e, depois que desenvolvemos esse hábito de pensamento quando somos jovens, é difícil mudar.

Podemos nos estressar com o trabalho que precisamos fazer para ganhar dinheiro para comprar essas coisas ou nos culparmos pelo impacto ambiental daquilo que estamos comprando, ou podemos simplesmente reconhecer que comprar coisas não nos faz sentir melhor. Então, o que fazemos para enterrar esses sentimentos? Pensamos na próxima coisa — porque será *ela* que finalmente nos fará sentir bem.

Todas as principais filosofias e religiões reconhecem que a felicidade não vem do desejo. A verdadeira felicidade vem de sentir que tudo o que temos é suficiente. Ficamos infelizes com tudo o que achamos que deveríamos ter e rapidamente esquecemos que o prazer que obtemos quando finalmente conseguimos o que estávamos perseguindo dura pouco. O prazer dura cinco minutos, algumas horas talvez, algumas semanas para algo importante, mas se esvai rapidamente e precisa ser reabastecido com a busca da próxima coisa.

> É necessário muito pouco para ter uma vida feliz;
> está tudo dentro de você, no seu modo de pensar.
> — MARCO AURÉLIO

A simples verdade humana é esta: quanto mais temos, mais queremos. Olhando novamente para Alexandre, o Grande, ele nunca alcançaria o que realmente buscava: uma sensação de completude. Quanto mais nos cercamos de objetos e itens, menos espaço temos para perceber que a única maneira de encontrar liberdade e felicidade é nos libertarmos do desejo por essas coisas. Quando era mais jovem, eu volta e meia me pegava pensando: "Há mais na vida do que aquilo que estou vivendo a cada dia, há mais para mim em algum lugar", e isso se tornou o trilho que meu cérebro percorria o dia todo, todos os dias. Assim, mesmo que eu "conseguisse mais", meu cérebro ficava insatisfeito, porque o único vocabulário que ele tinha para qualquer experiência era: "A vida é mais do que isso".

Achamos que, se conquistarmos aquele prêmio, tudo ficará resolvido e nos sentiremos completamente satisfeitos com o trabalho, com os relacionamentos e com nós mesmos. Mas o desejo é como um fogo interior. Para ser mantido, o fogo precisa ser alimentado, e, quanto mais desejamos, mais nosso fogo é alimentado e mais cresce. Quanto mais nosso fogo cresce, mais desejamos e maior ele fica. A única maneira de lidar com o fogo é parar de alimentá-lo, deixá-lo queimar sem ser abastecido, para que fique cada vez menor até que não seja mais preciso alimentá-lo nem vigiá-lo.

EXERCÍCIO
Este é um exercício simples de gratidão.

Em vez de nos perguntarmos constantemente o que há a mais na vida, sempre pensando no momento em que realmente começaremos a viver, vamos parar um minuto para examinar aquilo que já temos.

Reserve alguns minutos todas as noites durante uma semana e se dedique por um momento a listar três coisas pelas quais você sente gratidão no seu dia: talvez seja sua caminhada para o trabalho, os cheiros e as paisagens no caminho; talvez sejam os familiares que fizeram você se sentir bem naquela tarde; talvez a refeição que você comeu naquela noite. O que havia de especificamente bom? O que lhe trouxe felicidade?

E então, você consegue pensar em três coisas que animam você para o dia seguinte? Preparar o café da manhã, ver seus colegas, fazer planos com um amigo? Pense no que você realmente espera de cada coisa e que prazer sentirá quando isso acontecer.

Quando imagina tudo isso e concentra a mente no prazer que sentiu em cada ponto, você muda de forma tangível seu cérebro e seu corpo, enchendo-os de sentimentos positivos e aumentando seu hábito de encontrar os bons momentos da vida. Quanto mais você praticar isso, mais enraizado esse hábito se tornará. Depois de uma semana, você vai sentir os benefícios do exercício e estará no caminho certo para valorizar muito mais o que há de bom na vida.

> Dedique um momento a entender que essas pequenas coisas bastam, que elas compõem as horas da sua vida e que, quando encontra o melhor de cada dia, você se lembra de como realmente é bom o seu tempo como um todo. É o combustível que vai impulsionar o prazer da vida.

Na nossa cultura atual, pode parecer que comprar ou querer comprar é uma expressão de felicidade, que só queremos subir um degrau na escada que nos aproximará da felicidade. E se o simples ato de querer essas coisas for, na verdade, uma expressão da nossa infelicidade conosco — por não sermos suficientemente descolados, suficientemente elegantes, suficientemente incomuns, suficientemente criativos, suficientemente ricos? Querer coisas o tempo todo é uma afirmação não de que não temos o suficiente, mas de que não somos suficientes em nós mesmos, e de que adquirir essas coisas finalmente vai preencher um buraco, mudar quem somos e nos tornar melhores sem que precisemos fazer nada além de entregar dinheiro. E, se pensarmos apenas em quem gostaríamos de ser, como vamos conhecer nosso verdadeiro eu e do que seríamos capazes?

Mas como seriam as coisas se optássemos por mudar nossos hábitos para nos tornarmos a pessoa que queremos ser? Se nos concentrássemos nos hobbies, na boa forma física ou na saúde, nas escolhas da Indiferença Preferida (veremos exatamente o que isso significa em breve) e no caminho da eudaimonia das Quatro Virtudes? No livro

O Tao do Pooh, Benjamin Hoff explica que pervertemos o progresso quando adquirimos cada vez mais coisas. Acreditamos que estamos indo a algum lugar colecionando objetos e bens, mas, sejam potes de mel ou carros esportivos, o querer, o obter e a falta de satisfação só atrapalham nossa possibilidade de nos tornarmos mais felizes e realizados. As pessoas que têm tudo e que vemos na internet não são melhores do que nós na vida. Ela só são melhores em fazer marketing de suas próprias vidas. As redes sociais são uma demonstração pública da necessidade de atenção, selecionando e filtrando nossas vidas para atrair o máximo de olhos sobre nós, o que é a nova moeda global do sucesso. Se temos felicidade não precisamos dessa atenção, mas se perseguimos a atenção nunca encontramos a felicidade que procuramos. Eu sei que já fiz isso no passado, parecendo feliz em uma foto para a qual olho hoje e só consigo me lembrar de que na verdade eu estava infeliz e preocupado. A fachada funcionou, mas o esforço para parecer "bem-sucedido" não me fez sentir melhor, porque eu estava perseguindo a coisa errada, pensando apenas em como deveria parecer.

Na verdade, quanto mais nos concentramos em "obter", menos espaço criamos para nossa mente e nosso espírito. Na história da xícara de chá do estudante, um estudante budista está sentado com seu mestre enquanto este realiza a cerimônia do chá. No entanto, à medida que a xícara do aluno vai enchendo, ele fica alarmado com o fato de o mestre não parar de servir. O chá enche a xícara, depois escorre pela borda, sobre a mesa e se espalha cada vez mais. O estudante pede que ele pare, e o mestre o atende, dizendo: "Assim é a sua mente. Como pode aprender se está continuamente despejando mais desejos e pensamentos em sua mente? Você precisa tirar o excesso para poder estar aberto ao seu propósito". Há um ponto na vida de todos nós em que a quantidade de "coisas" que temos impede que haja espaço para aquilo que realmente nos traz alegria: coisas como a conexão humana, a aprendizagem, descobertas e a criatividade.

Marco Aurélio nasceu em uma família extremamente rica e viveu uma existência de privilégios e conforto. Nas primeiras páginas de suas *Meditações*, ele reconhece os valores que sua mãe, uma mulher muito rica por seus próprios méritos, lhe transmitiu, dizendo, em agradecimento: "Da minha mãe: piedade, generosidade, evitar o mal e até mesmo evitar pensar nele; também a simplicidade de viver, bem livre dos hábitos dos ricos". Mesmo enquanto vivia entre essas pessoas, ele reconhecia os perigos de ficar viciado nas armadilhas dos que tinham muito, alertando mais tarde: "Cuidado para não ser 'cesarificado', tingido de púrpura. Isso acontece. Mantenha-se simples, bom, inocente, digno, despretensioso, dedicado à justiça, piedoso, gentil, afetuoso com os outros e resoluto no desempenho de suas obrigações". Tenho certeza de que você conhece pessoas que não estão em nenhuma rede social, que podem ter um carro velho e detonado e poucas roupas elegantes. Elas são mais infelizes do que qualquer pessoa com mil ou um milhão de seguidores? Elas parecem satisfeitas com as coisas que lhes dão sua própria alegria individual e inédita? Marco Aurélio sabia, assim como devemos reconhecer agora, que a simplicidade, a dignidade, a despretensão e a priorização da bondade e da justiça em detrimento da "cesarificação" dos objetos e da moda são o único caminho para a paz e a felicidade.

Não é o homem que tem pouco, mas o que deseja mais que é pobre.
— SÊNECA

Podemos seguir pessoas nas redes sociais por diversos motivos (inveja, ciúme, ódio), mas, em vez disso, por que não seguir aqueles que nos oferecem prazer, educação, valor e humor genuínos? Já estive envolvido em uma vida de rede social, obcecado com o modo como as outras pessoas viviam e com o que elas tinham, e isso só me fazia sentir mal depois de passar horas rolando a tela.

Há alguns anos eu tinha a sensação de que *precisava* ter acesso às redes sociais, que estaria deixando de saber ou ver coisas se excluísse minha conta, mas então passei um tempo viajando pelo exterior, sem dinheiro para ter um celular e um plano de dados internacional. Decidi levar apenas um iPod e contar com cibercafés quando precisasse entrar me comunicar com minha família e com os amigos da minha cidade. Eu tinha lido tantos livros de viagem que a ideia romântica de viajar sem celular e só com um baralho para me divertir junto com os amigos que fizesse me atraiu. Eu não queria ficar carregando mais coisas quando o objetivo de ir para o exterior era aproveitar a abundância de novas pessoas que eu conheceria e de experiências que teria. Também fazia parte de uma sensação crescente de querer tornar toda a minha vida mais leve, por isso viajei apenas com uma pequena mochila de caminhada, meus produtos de higiene pessoal e algumas roupas.

Fiquei bastante instável naqueles primeiros dias, e percebi que havia se tornado um hábito para meu cérebro e minhas mãos usar as redes sociais como um escudo protetor toda vez que me sentia entediado ou ansioso, os dedos deslizando automaticamente para abrir cada aplicativo em um ciclo interminável. Eu usava aplicativos de redes sociais em todos os momentos da vida, do mesmo jeito que algumas pessoas ficam no celular enquanto assistem a um filme — me distraindo, não me envolvendo adequadamente com nada e também não obtendo nenhum prazer real. Sempre me arrependia, mas continuava fazendo isso. Porém, depois de duas semanas, tive a estranha percepção de que não sentia falta nenhuma daquilo. Na verdade eu não estava perdendo nada. Aliás, eu de repente tinha mais tempo livre e mais espaço no cérebro porque não o estava preenchendo com centenas de imagens e palavras que não tinham outro propósito senão me manter vidrado. A bagagem pequena também me deu uma sensação incrível: uma única mochila e poucos itens muitos fáceis de transportar e cuidar. Era questão de manter tudo limpo, seco e bem dobrado. Viajar se tornou muito fácil. A atenção que eu não precisava ter com minhas coisas e com um celular liberou minha mente de tal maneira que senti que finalmente conseguia pensar com clareza.

Quando voltei, nove meses depois, para minha casa e meu celular, pensei em retornar às redes sociais e percebi que um interruptor havia sido acionado em mim naquele tempo que passei longe. Eu não me importava mais com aquele mundo online. Eu não havia sentido falta. Não tive nenhuma tendência a recair e não me senti pressionado para seguir, ou não seguir, só para sentir raiva, inveja ou desaprovação. Se voltei, foi para descobrir aqueles bolsões de positividade na internet, e apenas durante alguns minutos por dia.

O objetivo das empresas de redes sociais é conquistar e manter nossa atenção. E a atenção não é mantida nos fazendo sentir bem. As plataformas de redes sociais usam a indignação e a inveja para nos engajar, e em seguida geram doses de dopamina a partir de curtidas e comentários para nos manter fisgados, oferecendo sensações semelhantes às provocadas por drogas recreativas e jogos de azar. Segundo o Centro de Dependência Química dos EUA, "O uso viciante de mídias sociais é muito parecido com qualquer outro transtorno por uso de substâncias". Essa instituição também publicou uma lista sinais de vício em redes sociais, incluindo melhora do humor quando o usuário consegue acessá-las, preocupação emocional e comportamental em relação a elas, uso crescente ao longo do tempo, sintomas de abstinência física e emocional, conflito quando o usuário não consegue acesso e uma reversão ao uso excessivo após uma pausa. Isso faz você lembrar de alguém que conhece? Parece com você?

As empresas de redes sociais não querem que tenhamos discernimento, consciência do tempo que passa; não querem que sintamos qualquer atrito que possa nos tirar de suas plataformas, e é por isso que agora todas têm rolagem interminável e alertas que soam no momento certo para incorporar hábitos viciantes. Quando nos deixamos conquistar pela rolagem interminável, entregamos nosso bem mais precioso: nosso tempo — sem falar em nossos dados e atenção. Ninguém fica feliz fazendo horas extras não remuneradas no trabalho, mas é isso que fazemos quando acessamos as redes sociais: entregamos nosso tempo para o lucro *delas*. Como isso poderia nos trazer felicidade? À medida que os softwares e os hardwares se tornam cada vez mais sofisticados e integrados, as empresas tecnológicas querem nos passar a sensação de que nos oferecem tudo de que precisamos — muitas vezes antes de sabermos que precisamos. Um passeio por uma galeria distante que você nunca conseguirá visitar na vida real? Um lugar na primeira fila de um show com ingressos esgotados no conforto da sua casa? Um game multijogador com a oportunidade de jogar com pessoas do mundo todo? Como você pode recusar essas oportunidades? Mas... e se eles nos venderam essas ideias com tanto sucesso que nos esquecemos do que realmente nos faz felizes? E não apenas felizes no momento: elas se tornam decisões fáceis em relação a coisas ligeiramente mais difíceis, que nos obrigariam a tomar banho, trocar de roupa e sair de casa. E se o marketing dessas experiências online que rendem a eles bilhões de dólares e altos níveis de nossos dados pessoais também nos fizer esquecer que a felicidade que obtemos ao passear perto de casa, bater um papo com um conhecido em uma cafeteria, ajudar alguém a subir alguns degraus com um carrinho de bebê, acompanhar um amigo durante um passeio com o cachorro dele, simplesmente ficar sentado olhando pela janela — todas essas coisas nos acionam em algum lugar mais profundo dentro de nós e que perdemos completamente de vista.

À medida que fomos evoluindo como empresa no lançamento de filmes na internet, percebi que precisava ter uma conta nas redes sociais novamente. Levei muito tempo para descobrir como fazer isso funcionar para mim, mas, quando finalmente voltei, passei a seguir apenas contas estoicas e sobre produção de filmes. De repente, abrir os aplicativos tinha a ver com breves momentos de diversão e educação, cada acesso eventual me deixando com a sensação de ter minha vida melhorada, não esgotada.

Além de definir limites para mim mesmo, restringindo quais aplicativos usar, quando usar e por quanto tempo, procuro aproveitar ao máximo o desejo dos aplicativos de nos fornecer exatamente o que desejamos. Não me deixo atrair por nenhum título caça-clique, mas informo aos aplicativos que não estou interessado em nada que me ofereça uma dose de dopamina. Em vez disso, reduzo meu feed a cinema e estoicismo e só assisto às coisas que realmente agregam valor à minha vida. Também ouvi uma ótima dica, chamada "regra do shopping center": seguir apenas as pessoas com quem você faria um esforço para conversar se as encontrasse em uma loja. Por que você entregaria sua vida aos almoços e à decoração do banheiro de pessoas com quem você nem teria prazer em falar se as visse na vida real?

Por fim, tento manter meu celular fisicamente fora de alcance. Seja em outro ambiente (quando estou trabalhando) ou apenas do lado oposto àquele em que estou, percebi que precisar me levantar para alcançá-lo oferece resistência suficiente para que eu acabe aproveitando minha zona livre de telefone. É incrível a diferença que percebemos quando mantemos uma zona livre de telefone perto de onde passamos a maior parte do tempo em nossas casas e, em vez disso, temos livros, cadernos ou palavras cruzadas por perto.

Também tenho pensado nos últimos tempos em tentar sair mais de casa sem o celular. Se o deixo para trás quando vou até o mercado da esquina ou saio para fazer um trajeto curto, sinto pânico, como se, de alguma forma, tivesse tentado sair descalço. Só que o celular não protege a pele frágil dos pés como os sapatos, nem fornece decência social como as roupas, nem nos mantém vivos como medicamentos vitais ou equipamentos médicos. Então, por que nos sentimos tão perdidos quando ficamos sem ele por dez minutos? Definitivamente, tem alguma coisa errada aí.

Como já observaram inúmeros filósofos e cantores de música country, as coisas boas da vida não são fáceis. Mas talvez tenhamos esquecido as alegrias que podem ser encontradas na descoberta, na resiliência, no esforço, na espontaneidade, na conexão e na conversa.

EXERCÍCIO

No capítulo 6 falamos sobre como reduzir pela metade o tempo que passamos no celular.

Depois de conseguir reduzir seu tempo, que tal excluir alguns dos aplicativos de redes sociais?

O que o está impedindo de fazer isso? O que você acha que pode perder?

E se a questão mais importante for o que você pode estar perdendo quando usa esses aplicativos? Que oportunidades podem estar passando por você quando seus olhos e ouvidos estão concentrados no celular?

Experimente fazer isso por uma semana. Como você está se sentindo?

Qual é a sensação depois de duas semanas?

O que impede você de nunca mais voltar às redes sociais?

> Todos os seres humanos buscam uma vida feliz, mas muitos confundem os meios — por exemplo, riqueza e status — com a vida em si. Esse foco equivocado nos meios para ter uma vida boa faz as pessoas se afastarem da vida feliz. As coisas que realmente valem a pena são as atividades virtuosas que constituem a vida feliz, e não os meios externos que parecem produzi-la.
>
> — EPICTETO

É útil lembrar que dizer sim a algumas coisas é também dizer não a outras — podemos ter FOMO (*fear of missing out*), que é o medo de ficar de fora, ou podemos ter vontade de comprar um par de tênis porque pode ser que acabe nas lojas e estamos convencidos de que ele vai tornar a nossa vida melhor. Porém, cada vez que dizemos sim para trazer alguma coisa para nossas vidas, também estamos dizendo não para *não* tê-la — não administrar os sapatos que já temos, não passar uma semana tranquila em casa enquanto nossos amigos estão viajando, até mesmo não usar as sobras de comida da geladeira de forma criativa. Tomar nossas decisões com base no ímpeto de dizer sim ou não por causa de nossos impulsos e instintos não vai construir nosso caráter. No entanto, se em vez disso consideramos as Quatro Virtudes ou até mesmo a Indiferença Preferida, evitamos a ilusão e o ego e podemos construir bons hábitos que nos beneficiarão muito mais no longo prazo. Mas o que é Indiferença Preferida?

Já vimos antes que tudo o que não está nas Quatro

Virtudes ou nos Quatro Vícios se encaixa na Indiferença — coisas que não são nem inerentemente ruins nem inerentemente boas, como dinheiro, saúde, ambição, força e habilidades. Essas coisas não prejudicam nem aumentam a qualidade de nossa vida por si mesmas — são apenas aspectos que devemos usar dentro da estrutura das Quatro Virtudes para ter uma vida feliz. Mas existe algo chamado Indiferença Preferida e seu oposto, a Indiferença Preterida. Por exemplo, a pobreza não é boa nem ruim, mas reconhecemos que ela pode tornar a vida mais difícil e restritiva, por isso tentamos moldar as nossas vidas longe dela. Por outro lado, geralmente queremos viver mais e nos sentirmos saudáveis, por isso vemos a saúde como uma das Indiferenças Preferidas.

Posto isso, porém, algumas circunstâncias podem tornar mais virtuoso selecionar a Indiferença Preterida — se nosso dinheiro vier de uma fonte corrupta que possa nos atrapalhar ou nos prejudicar no longo prazo, podemos achar que é mais sábio e mais corajoso optar pela pobreza em detrimento da riqueza. E às vezes a Indiferença Preterida é na realidade benéfica para nós — por exemplo, alguns tipos de dor podem aumentar nossa força (na academia) ou nos dizer quando há algo errado conosco (uma lesão ou uma doença). Na verdade, só quando os Quatro Vícios começam a moldar essas coisas indiferentes é que eles passam das preferências para o que deveríamos evitar. Nossa vida é curta, e frequentemente "precisamos" de muito menos do que pensamos para nos sentirmos felizes, confortáveis e contentes.

EXERCÍCIO

Vamos trocar nossas expectativas por valorizações. Quando queremos uma coisa, adiamos nossa felicidade até conseguirmos aquilo. Mas, se focarmos um único momento e nos concentrarmos no que temos agora, vamos desenvolver o músculo mental para enxergar tudo o que temos e os benefícios e prazeres que obtemos dessas coisas no cotidiano.

Não se trata de buscar mais, e sim de valorizar o que existe. O que você esperava do dia de hoje que talvez não tenha correspondido às suas expectativas? Você consegue escrever uma lista mais longa do que poderia ter valorizado durante o dia? Neste momento, pelo que você sente gratidão?

RESUMINDO

Quanto mais temos, mais queremos.
Desfrute da simplicidade — ela é perfeita.

A felicidade da sua vida depende da qualidade dos seus pensamentos.

—

MARCO AURÉLIO

CAPÍTULO 11

Coloque seus óculos cor-de-rosa

ou Os pensamentos criam a realidade

Shakespeare fez Hamlet falar uma grande verdade estoica quando diz: "Não há nada bom ou ruim, mas o pensamento faz com que seja assim". Moldamos o mundo que nos rodeia de acordo com a maneira como pensamos sobre ele e precisamos aceitar que, se procurarmos o mal no mundo, vamos encontrá-lo — não faltam provas que nos façam sentir que este mundo não tem esperança, está destruído, é uma fonte de desespero. Mas podemos redefinir nossa vida construindo rotinas de bons pensamentos, boas ações e bons hábitos que se infiltram no modo como vivemos e, portanto, no jeito como vemos o mundo. Se procurarmos conflito em todas as situações, uma oportunidade de defendermos a nós mesmos e a um argumento, vamos descobrir que nossa vida está cheia de grandes incidentes e brigas terríveis e imperdoáveis. Não tem a ver com nossa sorte ou com a incompreensão do mundo contra você. Eu me lembro claramente de que, quando trabalhava como pedreiro, pegava o ônibus de volta e caminhava pelo beco até em casa dizendo para mim mesmo: "Que porcaria, minha vida é uma porcaria". E de repente tive a forte sensação de que aquelas eram as únicas palavras que meu cérebro conseguia produzir, e também que era como se eu estivesse em cima de um palco diante de uma multidão, recitando aquelas coisas para poder convencer todo mundo do quanto minha vida era terrível.

Na época eu ainda não havia tomado uma decisão sobre minha vida: eu ia para a escola obrigado e não me importava em fazer ou não alguma coisa lá. Então, quando um professor conversou comigo sobre o que eu faria depois que me formasse, ele sugeriu que eu fosse trabalhar como pedreiro, e, como eu não me importava com nada, concordei. Naquele momento, percebi que, se eu continuasse recitando aquela situação de vida terrível para mim mesmo, também não precisaria tomar nenhuma decisão sobre meu futuro, porque todo mundo estava vivendo tão mal, e minha situação era tão difícil, que eu não teria como conseguir melhorar nada. Eu poderia simplesmente continuar com raiva e infeliz, sempre validado pelo meu monólogo interior, que endossava que eu simplesmente não poderia melhorar.

É bastante viciante, porém, a sensação de que estamos certos sobre nossos piores medos, de que não precisamos nos preocupar com o fracasso porque nada jamais vai dar certo para nós de qualquer maneira, de que nossos instintos e certezas nunca vão precisar ser desafiados, de que não precisamos sentir desconforto, de que nunca teremos de admitir que estamos errados, de que não precisamos tentar. É como um amigo dizendo: "Bem, você deu o seu melhor, não se preocupe"; podemos optar por não fazer esforço e lutar, simplesmente deixar o barco correr e seguir o caminho de menor resistência — o mais natural de todos os instintos humanos. Mas o que acontece nesses momentos da vida em que a pressão, o desafio, o desconforto e o erro são as coisas que nos ajudam a crescer, nos ensinam e nos abrem para o mundo? O que perdemos quando optamos por buscar conforto em todos os momentos?

    Faz parte da nossa evolução nos apegarmos às coisas ruins, seja ela a única crítica depois de uma centena de elogios, ou o "olhar esquisito" quando terminamos um bom dia de trabalho. O cérebro humano se beneficiou de estar alerta a coisas que rompem padrões ou que provocam desconforto em nós como forma de sinalizar perigos e responder de acordo. No entanto, embora nosso sistema nervoso ainda possa estar programado para a realidade de dezenas de milhares de anos atrás, o mundo evoluiu. Vivemos em grandes comunidades em uma sociedade mais ampla, e a maioria de nós tem a sorte de contar com maneiras seguras de obter alimento (ir até uma loja, pagar com dinheiro e levar suprimentos) e abrigo (pagar aluguel ou hipoteca e contas, passar todas as noites no mesmo local). Não precisamos nos preocupar em competir por recursos como ocorria quando nosso cérebro começou a evoluir em direção ao que temos agora, mas ninguém se preocupou em transmitir essa mensagem aos nossos sistemas internos. Então, continuamos alertas e nos apegando ao único comentário ruim, ao único olhar hostil, embora tenhamos razões mais do que suficientes para entender que o "comentário ruim" pode ser um mal-entendido e o "olhar hostil" pode ser por alguém estar pensando em uma coisa totalmente diferente quando passa por nós. Nossa razão é o músculo que precisa ser exercitado enquanto enfrentamos esses sinais conflitantes, adquirindo o hábito de perceber o mundo não como um inimigo potencial, mas como o todo conectado que contém tudo o que conhecemos e que nos conhece.

Naquele beco, de repente, eu pensei: por que não penso em coisas boas, para variar? Por que não faço um esforço para ver minha vida de maneira positiva? Não significava que eu precisava *mudar* alguma coisa na vida — isso parecia difícil demais naquela fase —, mas eu poderia pelo menos mudar a história que estava contando àquela multidão no meu subconsciente. E foi difícil fazer essa mudança, me pegar ainda pensando negativamente e depois transformar em algo positivo na cabeça. E então eu me senti culpado por trair o jovem que queria ter certeza de que sua vida era terrível e de que ele não podia fazer nada sobre isso. Só que depois de um tempo isso se tornou um hábito, e gradualmente comecei a ver que eu tinha escolhas onde antes parecia não haver nenhuma. Em vez de me sentir na frente de um muro alto de vidro sem conseguir os equipamentos necessários e sem conseguir lidar com meu medo de altura, eu de repente estava na parte inferior de uma parede de pedra cheia de apoios, pronto para começar a escalar.

> **EXERCÍCIO**
>
> Sente-se em um lugar tranquilo e pense em alguma coisa que aconteceu há vários anos ou várias semanas que você tenha sentido como muito negativa na época. Talvez você tenha perdido um emprego, rompido um relacionamento ou sido forçado a se mudar de casa.
> Você ainda acha que foi uma coisa negativa na sua vida? Deu para tirar algo de bom dessa situação? Será que as coisas boas da sua vida de agora teriam acontecido se esse evento "negativo" não tivesse ocorrido?
> Da próxima vez que uma coisa "ruim" acontecer no seu dia, por menor que seja, pare um minuto para pensar como isso poderia acabar da melhor forma ou o que você poderia aprender com a experiência.

A frase "Os pensamentos criam a realidade", o subtítulo deste capítulo, é uma parte fundamental da vida estoica. É fácil confundir esse conceito com outras ideias atuais sobre "pensamento positivo", mas é muito importante observar as diferenças entre elas:

O QUE NÃO É (Parte 1):
Totalmente sem atrativos

Muito se fala sobre o pensamento positivo. Você deve ter ouvido falar da Lei da Atração, que ficou famosa por conta de um livro chamado *O segredo*. Na Lei da Atração, a ideia é que basta pensar positivamente sobre as experiências e as coisas que essas experiências e coisas são trazidas para a sua vida pelo universo. Não é disso que trata a ideia estoica de que os pensamentos criam a realidade.

Para os estoicos, colecionar coisas e experiências não é o caminho para viver uma vida feliz e plena. Um estoico também não acredita que sabe o que é melhor para si ao longo da vida. A Lei da Atração tem o objetivo de conseguir o que você deseja — seja poder e relacionamentos ou uma roupa nova e um emprego —, e seu marketing é focado particularmente no "aumento da riqueza". Como já discutimos, o dinheiro em si é Indiferente, mas concentrar tempo e esforço na construção da riqueza sem direcioná-los para a construção do caráter tende à ignorância na filosofia estoica.

A Lei da Atração nos faz nos concentrarmos, de modo deliberado e proposital, naquilo que queremos — visualizando, imaginando, vendo como seria bom ter aquilo. Se você acha que alcançar riqueza e poder garante felicidade, mais uma vez: os ricos e poderosos parecem ser as pessoas mais felizes do mundo?

No estoicismo, entende-se que os pensamentos moldam a pessoa que somos e a maneira como percebemos a realidade e agimos dentro dela. Sabemos que não podemos moldar a realidade de acordo com nossos desejos, e que devemos aceitá-la e nos comportarmos do melhor jeito possível quando deparamos com ela. Não controlamos nossos resultados e o quanto estamos nos beneficiando objetivamente. Controlamos apenas nossas opiniões e motivações. Por exemplo, duas pessoas podem receber a mesma coisa, mas ter sentimentos totalmente diferentes a respeito. Uma pode sentir empolgação e prazer temporários, enquanto a outra sente culpa e preocupação. É o objeto que causa esses sentimentos ou são os pensamentos em torno da realidade do objeto?

O QUE NÃO É (Parte 2):
Os positivos venenosos

Outra expressão da moda que ouvimos muito sobre saúde mental e bem-estar é "positividade tóxica". Trata-se da ideia de que devemos esconder ou reprimir quaisquer sentimentos, experiências e reações negativas, de que expressá-los significa que estamos nos concentrando neles e de que a única maneira de sermos felizes é desligando o negativo e focando apenas o positivo.

Os estoicos reconhecem que coisas ruins acontecem. O estoicismo vê os problemas da vida e entende que o modo de resolver essas coisas ruins é enfrentá-las, lidar com elas e encontrar o caminho para superá-las usando os princípios das Quatro Virtudes. Podemos eliminar vieses e perspectivas negativas e ainda assim entender que existe um "problema". Mas também podemos simplesmente ver a questão com mais clareza e objetividade. Assim: um congestionamento ainda é um congestionamento e pode nos atrasar, mas o estoicismo reconhece que podemos muito bem passar algum tempo nesse congestionamento ouvindo podcasts de que gostamos. O estoicismo não faz a tempestade passar, mas nos ajuda a aproveitar o banho de chuva. A positividade tóxica exige que, quando surgem problemas, coloquemos os dedos nos ouvidos, fechemos os olhos e assoviemos até pararmos de pensar neles. Mas o que podemos aprender nesses momentos? Como posso crescer por meio da dificuldade? O que a vida vai estar me ensinando se eu ignorar todas as lições?

Em 2014, o ator Jim Carrey fez um discurso de formatura na Universidade de Gestão Maharishi. Ele falou aos formandos sobre as alegrias de ver o mundo como realmente é, a liberdade que isso pode trazer e as escolhas que podemos fazer: "A necessidade de aceitação pode tornar você invisível neste mundo... Não somos os avatares que criamos, não somos as imagens do filme, somos a luz que brilha. Todo o resto é apenas fumaça e espelhos... Eu sempre disse que gostaria que as pessoas pudessem realizar todos os seus sonhos e conquistar riqueza e fama para que elas percebessem que não é aí que elas encontrarão seu senso de realização". Com grande espírito estoico, ele acrescentou: "Quando digo que a vida não acontece com você, que ela acontece para você, realmente não sei se isso é verdade. Só estou fazendo a escolha consciente de encarar os desafios como algo benéfico para poder lidar com eles da maneira mais produtiva".

EXERCÍCIO

Esta é uma técnica clássica de terapia cognitivo-comportamental chamada distanciamento cognitivo. No exercício anterior, vimos que uma experiência "negativa" poderia, na verdade, ser benéfica a você. Este exercício, em vez disso, mostra que algumas coisas podem nunca parecer ter um aspecto benéfico, mas ainda assim podem ser experiências das quais podemos nos curar.

Quando alguma coisa difícil surgir na sua vida, pergunte-se: "Terei superado isso amanhã?". Às vezes basta uma boa noite de sono.

Mas pode não ser suficiente. Pergunte novamente: "Terei superado isso daqui a uma semana?".

Talvez não.

"Terei superado isso daqui a seis meses?"

Talvez esse tempo ainda não seja suficiente.

"Terei superado isso dentro de cinco anos?"

E talvez nem assim.

"Terei superado isso dentro de vinte anos?"

Pode demorar isso tudo, mas talvez você possa ver que chegará um dia em que terá superado esse momento difícil. Não que você vá esquecê-lo, mas não o incomodará mais da mesma forma que incomoda hoje.

É apenas um momento, e tudo vai passar.

> Julgamento objetivo, agora, neste exato momento.
> Ação altruísta, agora, neste exato momento. Aceitação voluntária — agora, neste exato momento — de todos os eventos externos. Isso é tudo de que você precisa.
> — MARCO AURÉLIO

Dois homens visitam um famoso mosteiro numa aldeia distante, determinados a conhecer o sábio monge e a se mudarem para aquela região. Quando eles se encontram, o monge pergunta ao primeiro homem: "Como é a sua aldeia?". O primeiro homem pensa por um momento e então diz: "Terrível. Pessoas terríveis, região terrível. Como é esta?". O monge diz a ele: "Ruim. Se fosse você, eu a evitaria".

Quando o primeiro homem sai, o monge pergunta ao segundo: "E como é a sua aldeia?". O segundo homem também pensa e responde: "Maravilhosa. É cheia de pessoas ótimas fazendo coisas boas com seus dias em um lugar lindo". O monge diz: "Acho que você vai gostar daqui também". Nossos pensamentos criam a realidade em que vivemos. Se estivermos convencidos de que todos ao nosso redor são horríveis, serão essas as pessoas que encontraremos. Se vivermos com a crença de que a maioria das pessoas tende a ser boa de modo geral, vamos encontrar essas mesmas pessoas aonde quer que formos.

Lembro-me de me hospedar sozinho em um albergue no exterior. Fiquei em um quarto compartilhado com meia dúzia de jovens franceses, nenhum dos quais falou ou se envolveu de alguma forma comigo. Fiquei constrangido, consciente de que aquele grupo de pessoas que se conheciam e não falavam minha língua estava me ignorando, e eles se tornavam cada vez mais rudes com o passar dos dias. Fiquei desesperado por ter optado por ficar lá sozinho e pensei que a viagem como um todo tinha sido um erro terrível. Então, uma noite, aconteceu uma coisa. Eu estava preparando um risoto, e um deles quis saber como era a minha receita. De repente o grupo e eu estávamos conversando, rindo juntos, e no final da noite éramos grandes amigos. Não me dei conta de que, no meu silêncio solitário, eu parecia igualmente rude com eles, nem sequer tentando puxar conversa e emitindo uma vibração realmente hostil. Eu recusava qualquer oportunidade de interagir e me conectar com eles porque a história que criei na minha cabeça era muito verdadeira e ensurdecedora para mim naquele momento.

Nada mudou entre os dias anteriores e aquela noite, exceto minha opinião e percepção. Objetivamente, eles não haviam se tornado pessoas mais legais, e eu também não. Cada um de nós simplesmente teve a oportunidade de deixar de lado as impressões negativas até que pudéssemos realmente nos comunicar e perceber quanto prazer potencial havia ali.

Da mesma forma, quando era mais novo, eu tinha certeza de que o segurança do mercado da esquina não ia com a minha cara. Ele era um gigante com cara de mau e ficava me encarando quando eu entrava e acenava para ele. Era óbvio que me odiava. Mas uma manhã decidi cumprimentá-lo adequadamente e dizer "Bom dia" quando entrei, para ser amigável, independentemente da resposta dele. Alguns dias depois, ele se tornou o homem mais simpático do mundo. Descobri que ele era da Polônia e provavelmente sentia tanta vergonha de falar inglês comigo quanto eu sinto quando preciso falar húngaro com minha família no exterior. Eu sei que me fecho e posso parecer grosseiro ou reservado, mas isso tem a ver com minha falta de linguagem, não com minha atitude em relação a quem está ao meu redor. Ele e eu nos tratávamos alegremente como amigos cada vez que eu entrava no mercado porque decidi abordá-lo de modo positivo, em vez de usar a agressividade ou de ficar na defensiva. Algo como "Está olhando o quê?" ou coisa parecida sempre vai ser difícil de transformar em uma conversa edificante e conectada.

Quando lembro do varredor que me deu um livro tantos anos atrás, penso que a gentileza dele mudou toda a minha perspectiva do mundo. A vida é incontrolável, mas o modo como eu a via afetou minha experiência completa e totalmente.

Como diz Marco Aurélio: "As pessoas procuram retiros no campo, à beira-mar, nas colinas, e você também adquiriu o hábito de desejar isso acima de tudo. Mas isso é totalmente antifilosófico, uma vez que é possível nos retirarmos para dentro de nós mesmos sempre que quisermos; afinal, em nenhum lugar alguém pode se retirar para maior paz ou liberdade de preocupações do que dentro da própria alma". Em outras palavras: aonde quer que você vá, você estará lá. Você não pode fugir de suas tensões e de seus medos, porque os carrega dentro da mente. Assim como o primeiro homem que visitou o mosteiro, se sentirmos que o mundo é rude e hostil, aonde quer que formos, encontraremos essa hostilidade. Mas, se percebermos que o mundo está sempre pronto a sorrir para nós, será isso também que encontraremos.

> **EXERCÍCIO**
> Sente-se em uma sala e olhe ao redor. Quantos objetos vermelhos você consegue ver? Considere cada um deles, a textura, o peso, o tamanho.
> Agora se concentre nesta página e por enquanto não olhe ao redor novamente. Quantos objetos azuis há nessa sala?
> Quanto mais nos concentramos em um aspecto da nossa vida, mais cegos nos tornamos para outros.
> Da próxima vez que sair de casa, tente perceber três coisas positivas. Existem árvores ou pássaros por perto? Um vizinho cumprimenta você? As ruas estão limpas? Há um cheiro agradável de comida vindo de uma casa próxima? Seus sapatos são confortáveis ou seu casaco está mantendo você aquecido? Você conseguiu beber um pouco de água limpa e fresca hoje? Você tem uma lembrança agradável de algum alimento que comeu pouco antes de sair?
> À medida que continua seu dia, quantas outras coisas boas você consegue notar? Depois de tentar isso algumas vezes, as pessoas parecem diferentes para você quando as encontra no trabalho, no trajeto, na rua?

RESUMINDO
Você percebe aquilo que está procurando.
O mundo acontece como acontece, mas nós podemos escolher as lentes através das quais o vemos.

> Ele é um homem sábio que não entristece pelo que não tem, mas se alegra pelo que tem.
>
> — **EPICTETO**

CAPÍTULO 12

Não pare de parar

ou Esteja presente

Acontece que a vida não é tão complicada. Na prática, ela é muito mais fácil de administrar do que imaginamos. Ela não é nosso passado complexo e emaranhado, tampouco nosso futuro indecifrável e infinito. Nossa vida, a vida de todos nós, na verdade é assim:

•••••••••••••••••••••••••••••●•••••••••••••••••••••••••••••

O ponto grande é onde estamos agora, neste exato momento, e a linha pontilhada é o nada, onde existimos e poderemos continuar a existir. Pare por um momento e reflita sobre essa ideia. Você consegue ouvir coisas ao seu redor? Há alguém por perto? Como você se sente no seu corpo? Isso é tudo o que a vida é. Em alguns minutos, você terá um momento diferente — seu corpo estará mais velho, seu entorno será diferente, já que o mundo inteiro mudou alguns minutos em relação a antes. De que maneira esse momento é diferente?

A questão é que não existe outro momento além daquele em que você está. Não há qualquer outro lugar onde existimos além do agora. Não existimos no passado, nem no futuro, nas lembranças ou nos planos. São apenas projeções de nós mesmos, imagens na mente que podemos sentir e recordar. Podemos lembrar dos "bons e velhos tempos" e passar horas pensando que as coisas eram muito melhores, não só para nós como para o resto do mundo. Mas éramos mesmo felizes? Já vivemos algum dia em um mundo livre de medo? Os noticiários da noite eram sempre alegres e cheios de informações inofensivas e vivíamos em comunidades onde ninguém nunca tinha fome, medo ou sofrimento? E se, em vez disso, desaparecermos no futuro ("Se eu fizer isso, então aquilo definitivamente vai acontecer e tudo estará resolvido"), o presente ficará melhor? Será "o futuro" mais real do que qualquer outra fantasia da nossa cabeça? Qualquer plano para o futuro é algo mais do que uma distração do momento em que estamos vivendo agora? Quando pensamos com carinho em lembranças do passado, não conseguimos lembrar do quanto ansiávamos por um futuro melhor naquela época?

Passamos a sentir tanto medo do tédio que nos apressamos para preencher cada momento com outra coisa. No segundo em que não estamos sendo imediatamente estimulados com uma conversa, um programa de TV, uma tarefa urgente, pegamos o celular ou o controle remoto para encher nossos olhos e sentidos com algo barulhento, brilhante e novo (e às vezes chegamos a fazer isso quando a conversa, o programa ou a tarefa ainda está em andamento, tamanho o nosso instinto de sermos superestimulados). Quando conseguimos parar e pensar sem distração, sabemos de verdade que não vamos olhar para trás com carinho para todo o tempo em que nos distraímos e nos movimentamos para a frente e para trás tentando viver no passado ou no futuro, mas nos permitimos muito pouco tempo para viver em nossos momentos. Listas de tarefas, arrependimentos, planos, correções. Nós nos colocamos em todos os lugares, menos Aqui e Agora.

Se dissessem que você precisaria passar todo o seu tempo livre olhando para o celular, clicando na tela sem parar, você ficaria feliz com sua qualidade de vida? No entanto, abrimos mão do nosso tempo na Terra como se tivéssemos horas infinitas para existir e uma consciência ilimitada para nos darmos ao luxo de desperdiçar tudo. Como já discutimos, a atenção é a moeda global do momento. As pessoas que estão no poder querem nossa atenção porque podem transformá-la em dinheiro, mas, quando oferecemos nossa atenção a elas, entregamos nosso momento presente — que é tudo o que qualquer um de nós tem. Essas corporações estão roubando nossas vidas, momento a momento, e o único meio de nos envolvermos nas suas ações é percebendo que os lucros das empresas são obtidos principalmente por meio do incentivo aos Quatro Vícios (Ignorância, Covardia, Injustiça e Destemperança), e que precisamos refletir sobre nosso caminho para a eudaimonia. Há uma pergunta famosa que circula na internet sobre nosso tempo e nossa vida de tela: "Você tem 86.400 dólares na conta e alguém rouba 10 dólares de você. Você ficaria chateado e jogaria fora todos os 86.390 na esperança de se vingar da pessoa que pegou seus 10? Ou seguiria em frente e viveria sua vida?". A questão é que temos apenas 86.400 segundos a cada dia, então por que deveríamos jogar fora o nosso dia inteiro por causa de um momento negativo dentro dele?

Todos queremos ser felizes, e pode parecer que estamos fazendo algo responsável quando tomamos decisões para mudar de vida e alcançar maior felicidade. Pode ser uma mudança de emprego, sair de um relacionamento, começar um novo hobby ou um plano de condicionamento físico. Mas, se não estamos fazendo isso agora, será que estamos fazendo? Prometemos a nós mesmos que vamos ficar felizes quando nossas mudanças começarem, mas, se não estamos felizes com o que temos no momento, por que ficaríamos felizes com o que potencialmente poderíamos ter em outro dia? Depositamos muita esperança no futuro, imaginando o momento em que teremos as habilidades que desejamos, a casa, o emprego, o corpo, o relacionamento. Tudo é depositado na esperança de que um dia tudo estará "consertado", mas nem 1% dessa esperança e desse esforço é dedicado a tornar essa pessoa futura aquela que somos agora. Segundo a professora zen Charlotte Joko Beck, que focou o enfrentamento da raiva, da ansiedade e do egocentrismo em sua prática zen, "O que torna tudo insuportável é a sua crença equivocada de que é algo que pode ser curado". As pessoas nos dizem o tempo todo que as coisas devem ser superadas, vencidas, mudadas e melhoradas e que se não fizermos isso teremos fracassado. Mas e se essas ideias simplesmente levarem a mais infelicidade, que vem mais das nossas expectativas e imaginações do que da realidade que estamos vivenciando? Outro aluno zen, o escritor John Tarrant, fala sobre a compreensão zen das dificuldades da vida: "O sofrimento não é uma anomalia, mas uma pista para libertar a mente. Nesse sentido, o sofrimento não é acidental ou um erro, mas um enorme começo. É o presente que inicia uma grande transformação no nosso ponto de vista". Ele prossegue propondo que nos perguntemos: "E se acabar aqui?". Não se trata de niilismo ou desesperança, mas de descobrir ativamente o que ele chama de "uma profunda bondade dentro da vida comum que temos". O que temos é agora; as únicas ferramentas que temos para lidar com este momento são as ferramentas que temos conosco agora — um pouco de coragem, um pouco de sabedoria, um pouco de moderação, um pouco de justiça. Fazemos o melhor que podemos com o que temos e usamos esse "agora" para construir o nosso caráter e nos levar para o próximo "agora". Por que gastar tanto tempo pensando na felicidade possível em detrimento da felicidade de hoje?

Há um caminho difícil em qualquer momento que pode nos beneficiar à medida que superamos as dificuldades atuais e construímos nosso caráter, ou aproveitamos o momento e aprendemos a saborear as emoções e experiências que estamos vivendo. A maioria dos nossos medos e preocupações desaparece completamente quando aceitamos a verdade de que o único momento em que vivemos é o atual, e na grande maioria das vezes aqueles medos e preocupações não existem aqui. Podemos temer algo "pequeno" (uma ida ao dentista, uma apresentação no trabalho) ou algo imenso (um possível conflito global, desastres climáticos), mas quantos desses eventos estão acontecendo neste momento e quanto das nossas vidas eles ocupam quando acontecem?

> **EXERCÍCIO**
> Sente-se em um ambiente calmo e esteja presente.
> Aceite que simplesmente existir neste momento é suficiente.
> Você acha isso difícil? Seu instinto é fazer o quê? Você tem vontade de pegar o celular? Você está fazendo listas mentais sobre o que deveria ou poderia fazer? Por que você acha que considera isso tão difícil?
> Dispare um cronômetro e veja se consegue fazer isso por trinta segundos.
> Ao longo de uma semana, você consegue aumentar esse tempo? Desfrute da oportunidade de estar sentado em paz e de apreciar o fato de existir nos momentos que compõem a sua vida.

Hoje em dia, é um impulso comum desejar se manter ocupado de um jeito ou de outro, e ter a mente ocupada. Isso vem do nosso maravilhoso instinto humano de fazer conexões e descobrir novas respostas para as coisas, mas esse superpoder é levado para o caminho errado quando temos um smartphone nas mãos. Em vez de conversarmos com as pessoas na praça da cidade ou fazer experiências no nosso jardim ou na nossa cozinha, esse instinto é levado a ficarmos rolando a tela ou consumindo streaming de TV sem pensar. Imagine se nossa curiosidade e fome por histórias não tivessem esses recursos do século XXI. Se só tivéssemos diários e cadernos de desenho, vizinhos e parentes, o que poderíamos descobrir uns sobre os outros? O que poderíamos descobrir sobre nós mesmos?

Quando fazemos uma longa caminhada ou uma corrida intensa, a sensação é fantástica. Não temos tempo de tela nem e-mails, e o cansaço faz nosso foco estar em colocar um pé na frente do outro, apenas existir naquele momento. Nossa mente fica clara, nosso pensamento é simples e muitas vezes dizemos: "Foi muito bom, preciso fazer isso mais vezes". Então vemos um e-mail de trabalho ou lembramos que precisamos limpar a geladeira e nossa mente está novamente ocupada com a tarefa que está por vir. Perdemos de vista o simples prazer de viver o nosso momento. E, além dos muitos motivos pelos quais a leitura é benéfica para nós, além do fato de que ler pode melhorar nossa estrutura cerebral, aumentar nossos níveis de empatia e literalmente fazer nosso cérebro sentir que temos experiências de vida além da nossa, ler um livro também é uma forma de meditação. Se conseguirmos ficar parados por uma hora e simplesmente olhar para o nosso livro, sem celular, sem outras telas, estaremos nos acalmando e tranquilizando nossos cérebros, concentrando-nos em uma atividade única e lenta que permite que nossa mente se expanda e se concentre ao mesmo tempo. Diariamente, nosso foco vai continuar a melhorar.

E quanto às questões que têm impulsionado a humanidade por dezenas de milhares de anos, sobre qual poderá ser o nosso propósito, por que fazemos determinadas coisas, por que temos inclinações para e a partir de certas ideias, grupos ou práticas? Com que frequência nos damos tempo para fazer essas perguntas? No mundo atual de resultados instantâneos e respostas algorítmicas, raramente temos espaço para viver o momento e pensar na mesma pergunta — sem resposta — por minutos seguidos, muito menos por horas, semanas e anos que podem ser necessários para criar uma nova, profunda e meticulosa solução capaz de fazer avançar o desenvolvimento humano. Sabemos que prosperamos quando podemos pensar em questões por muito tempo, dando à nossa mente espaço e atenção suficientes para realmente criar e expandir, seja uma questão de matemática e ciências ou de arte e filosofia. Nós *sabemos* que encontramos melhores respostas quando temos tempo para pensar — mas cada vez mais temos desvalorizado os momentos de que precisamos para fazer essas perguntas.

A vida é muito curta e ansiosa para quem esquece o passado, negligencia o presente e teme o futuro.
— SÊNECA

Há pouco tempo eu estava voltando para casa de bicicleta, pedalando sem pressa colina acima, quando um jovem começou a tentar falar comigo, gritando alguma coisa que eu não conseguia entender. Como eu ainda estava em movimento, ainda que devagar, tentei apenas acenar, indicando que não conseguia ouvir. Ele continuou gritando comigo, de um jeito cada vez mais agressivo, mas aos poucos me afastei e ele ficou para trás, desistindo da sua tentativa de comunicação. Foi só momentos depois que percebi que ele estava na verdade tentando me assaltar.

Já fui assaltado antes e entrei em algumas brigas quando era criança. Os sentimentos depois de cada um desses acontecimentos permaneceram comigo durante dias, semanas, até meses depois, o pavor da violência, o medo de outro ataque potencial. No entanto, dessa vez não tive descarga de adrenalina, não fiquei tremendo e fui dormir naquela noite sem nenhuma sensação de choque atrasado. Me ocorreu que era o estoicismo em ação.

Eu sei que ainda ficaria apavorado se abrisse a porta da frente e houvesse um enorme leão no jardim, porque isso representaria um perigo real e presente. Mas, ao longo dos anos estudando, a filosofia estoica moldou meu cérebro. Percebi naquele dia da bicicleta que havia perdido o hábito de ver o perigo em toda parte, e agora só reagia a ameaças "reais", não apenas àquelas que imaginava ou projetava em situações potencialmente perigosas. Na adolescência eu tinha tanto medo de eventos sociais quanto de brigas, apavorado com o que eu imaginava que poderia dizer ou com o que outra pessoa poderia fazer. Há alguns anos eu poderia ter visto o jovem andando pela rua e pensado: "Ele pode ser um assaltante, é melhor eu ir mais rápido", chegando em casa suado e nervoso. Mas agora, mesmo com ele tentando me assaltar, já que não vi nenhum sinal de violência ou ameaça, meu cérebro simplesmente não disparou nenhum alarme. Hoje em dia, muitos dos meus medos desapareceram porque a grande maioria dos meus medos anteriores simplesmente não era "real". Não é possível afastar com o pensamento uma situação verdadeiramente perigosa, mas podemos deixar nosso cérebro saber, a cada momento, que muitas coisas que tememos não merecem esses sentimentos — conversar com um estranho, ser entrevistado, viajar para algum lugar novo. E diminuir o medo na nossa vida é um objetivo que vale a pena ser alcançado.

Lembre-se de que passado e futuro não têm poder sobre você.
— MARCO AURÉLIO

Todos já tivemos a experiência de estar com um grupo de amigos e aos poucos cada um acaba ficando concentrado no seu celular. Alguém verifica uma mensagem, depois outro pega o aparelho porque está esperando uma resposta, e então outro pega o telefone para mostrar um perfil do TikTok ou do Instagram. De repente todos estão debruçados sobre seus aparelhos, ninguém está fazendo contato visual ou compartilhando piadas espontâneas nem conversando sobre aquele momento. Estão todos simplesmente compartilhando momentos e piadas de outras pessoas. Será que vamos gostar de relembrar esse tempo que passamos com nossos amigos? Ou devemos tomar agora a decisão de aproveitar as ocasiões de estarmos realmente com nossos amigos — sem interrupções, apenas existindo juntos de uma forma que não é possível com distância, dispositivos ou distrações?

Lembra como eram intensos os momentos positivos quando você era pequeno? Na nossa infância geralmente não tínhamos uma lista enorme de responsabilidades ou obrigações. Podíamos existir naquele momento, rindo com nossos amigos, tomando banho de chuva, correndo para alguma coisa, totalmente livres das lembranças de ontem e dos fardos de amanhã. Agora temos contas e empregos, planos e arrependimentos, listas de tarefas não realizadas e lembretes adiados, e nos amarramos tão fortemente ao momento presente com tudo o que passou e tudo que ainda está por vir que não conseguimos apreciar nada do momento em que estamos. É como a experiência de viajar para outro país de férias. Há o estresse inevitável, quando chegamos ao aeroporto de destino, de pegar nossa bagagem, ficar na fila para apresentar o passaporte e passar pelos portões da alfândega, conferir e conferir novamente se estamos levando tudo, pegar o transporte para o hotel, conferir mais uma vez se estamos com todas as malas e a bagagem de mão, talvez mais uma sacola com coisas que compramos nas lojas do aeroporto. Chegamos ao hotel e fazemos o check-in, somos levados ao quarto e podemos finalmente colocar todas as malas no chão, soltar o ar e tomar consciência do que nos rodeia. Olhando pela janela do hotel, de repente percebemos como está o tempo lá fora, os prédios ao lado, a música que tocava no saguão enquanto fazíamos o check-in, mas não tínhamos espaço mental para ouvir. Podemos admirar a luz do nosso quarto, a cor das paredes que não usamos tanto no nosso clima, a vista para o mar. É a mesma sensação de quando finalmente conseguimos largar a bagagem do passado e do futuro. Nossa mente pode relaxar e simplesmente aproveitar o momento em que estamos.

Quando eu trabalhava na construção civil, na adolescência, vivia no constante estado de espírito de "não vejo a hora de este dia acabar". Eu estava sempre esperando o fim do dia, vivendo pelo fim de semana. Meu chefe dizia que sua parte favorita da semana era quando o rádio-relógio disparava na sexta-feira, sinalizando que a semana havia acabado e o fim de semana ia finalmente começar. O problema era que apenas uma pequena fração de cada semana era a sexta-feira pela qual todos estávamos ansiosos. Nem mesmo a sexta-feira em si era o que eu queria, porque a maior parte dela ainda era passada trabalhando, então havia o incômodo de fazer planos, a noite chegaria ao fim e eu precisaria me despedir dos meus amigos e voltar para casa. Na verdade havia apenas uma ou duas horas em que eu estaria realmente me divertindo, e mesmo assim eu sentia o cansaço do trabalho pairando sobre mim, e o pensamento invasor de que o fim de semana acabaria em breve.

Assim que tomei consciência disso, aos poucos percebi

que era um hábito autodestrutivo. Eu não estava comemorando o fim de semana, estava constantemente sofrendo por ele. Não estava me dando algo para continuar, estava me prendendo a um ciclo negativo de infelicidade e arrependimento. Comecei a reparar nisso em toda parte: nos anúncios e na TV, dizendo a todos nós que deveríamos viver para as sextas-feiras, para o fim de semana, para o verão, para as férias. Só que, se estamos todos correndo para esse dia, semana ou quinzena em particular, para essa pequena porcentagem da nossa vida, como podemos nos sentir bem? Se dissermos a nós mesmos o tempo todo que vale a pena fazer apenas uma pequena parte, vamos desejar que a maioria dos milhões de momentos que vivemos desapareça. Eu ficava desejando que o presente fosse embora na esperança de ter um futuro pelo qual eu seria mais grato, mas quando chegava ao "futuro" havia desenvolvido um hábito tão forte de nunca aproveitar o presente que não conseguia nem sentir prazer quando chegava lá. (Mais tarde, consegui um emprego limpando propriedades de usuários de drogas, em que as casas haviam sido destruídas e abandonadas imundas. Eu aproveitava cada dia daquele trabalho e apreciava plenamente o momento presente de cada tarefa. Era uma delícia perceber que não precisava desejar que o dia terminasse.)

A hora de aproveitar a vida é agora. Não precisamos esperar pelo fim de semana para curtir o pôr do sol. O sol se põe todos os dias, afinal. Também não precisamos subir uma montanha; um estacionamento de hipermercado, acredite ou não, costuma ser muito bom para isso, graças ao amplo espaço aberto e aos telhados baixos ao redor. Também não é preciso esperar para ligar para um amigo, preparar nossa bebida preferida ou pôr para tocar a música que sempre dá vontade de dançar. Tampouco precisamos esperar por um dia de folga. Muitas vezes me dei conta de que eram sete da noite e descartei o resto do dia dizendo: "Ah, amanhã eu resolvo isso". O dia não acabou só porque o nosso dia de trabalho acabou. Temos tempo agora! Ainda existem horas preciosas no nosso dia que podemos usar para encontrar os pequenos prazeres que tornam cada dia positivo, e ainda existe um milhão de maneiras diferentes de remover do presente os apegos do passado e do futuro para aproveitar este momento em toda a sua glória, alcançando uma clareza eufórica longe do passado e do futuro. E eu ainda tenho dificuldade. Hoje em dia, acho difícil pegar um belo momento e transformá-lo em uma lição a ser aprendida. Outro dia, parado no meio de uma tempestade, sentindo o cheiro da chuva, sentindo-a na pele, observando os relâmpagos acima de mim, eu sabia que, embora tivesse conseguido alguns momentos de diversão, meu cérebro estava absorvendo aquilo principalmente como uma lembrança para usar em uma história sobre viver o momento. No entanto, mesmo naqueles momentos tranquilos e monótonos que ninguém consideraria perfeitos o suficiente para filmar ou escrever uma música a respeito, nós ainda existimos, perfeitamente.

E o "momento perfeito" nunca é perfeito, na verdade. Todas as férias têm momentos chatos, todo fim de semana tem tarefas a serem realizadas, toda festa tem bebida derramada ou música ruim. Se conseguirmos, porém, encontrar a verdade e o prazer do agora mesmo, que é, afinal, tudo o que temos, podemos desbloquear descobertas e felicidade ilimitadas.

RESUMINDO
Desista dos arrependimentos do passado e das preocupações do futuro. Aproveite a maravilha do mundo e esteja presente neste momento.

O caminho a partir daqui

Então, você chegou até aqui e usou seu tempo para ler este livro. Para onde você vai a partir daqui?

O estoicismo é um guia para uma vida boa, um modelo para nos tornarmos a melhor versão de nós mesmos e um meio prático de ajudar os outros. A parte prática é a mais importante. Não adianta aprender tudo sobre o estoicismo se você não incorporar esse aprendizado à sua vida. Não precisa ser tudo de uma vez, mas até mesmo um único passo é um passo no caminho para a eudaimonia. Agir de acordo com seu novo conhecimento faz de você um estoico, e não agir significa perder o objetivo — e as alegrias — do estoicismo.

Durante milhares de anos, os estoicos desenvolveram essas ideias simples, transmitindo-as através de gerações e sobrevivendo às ameaças dos poderosos e de outras filosofias, com o estoicismo sendo traduzido e transportado por todo o mundo. Do grande imperador Marco Aurélio, que enfrentou guerras e impérios, problemas familiares e o seu próprio temperamento, até você, com este livro nas mãos, enfrentando as mudanças climáticas e a incerteza econômica, as questões familiares e o seu próprio temperamento, os tempos mudam muito e ainda assim não mudam nada. Somos todos humanos. Todos enfrentamos problemas, desafios, dificuldades. Todos temos o mesmo potencial.

Embora os ensinamentos do estoicismo possam ter milhares de anos, os problemas que enfrentamos na sociedade moderna ainda podem ser resolvidos com essa antiga filosofia. Os seres humanos criaram os problemas do ruído da internet, da distração dos smartphones, uma cultura de consumo e de atenção, e os seres humanos podem resolvê-los por meio da implementação das Quatro Virtudes na nossa vida cotidiana para nos oferecer o espaço mental para existirmos em paz e contentes. Todos queremos desfrutar de um mundo de verdade, justiça, honestidade, responsabilidade e bondade, e viver livres do medo.

Espero que este livro ajude você a descobrir e a construir esse mundo melhor.

A vida estoica

Esteja presente. Aceite que a única coisa que existe é este exato momento aqui.
Concentre-se exclusivamente nas coisas que estão sob seu controle. Liberte-se do fardo de desejar e comparar.
Molde suas ações em torno das Quatro Virtudes. Mire na verdade e no equilíbrio, na justiça e na coragem.
Sinta gratidão pelo que você tem agora. Lembre-se da morte e de que todos nós somos iguais e temos uma passagem justa para a eudaimonia.
Esteja atento aos seus pensamentos. Assuma seu poder de se posicionar e de ser o bem no mundo.

Referências

p. 24 "Não se nasce necessariamente com coragem..." Maya Angelou, *USA Today*, 5 de março de 1988.

p. 58 "estamos todos mais infelizes, mais ansiosos, mais deprimidos..." Podcast *Hidden Brain*, episódio "The Paradox of Pleasure" [O paradoxo do prazer], 39.03.

p. 78 "A maior parte da nossa dor, a maior parte do nosso sofrimento vem da resistência..." Michael Sandler, *Inspire Nation Show*, "Love Yourself Like Your Life Depends on It" [Ame a si mesmo como se sua vida dependesse disso], entrevista de Kamal Ravikant, 23.06.

p. 88 "No meio do inverno, descobri que havia..." Albert Camus, "Regresso a Tipasa", retirado do livro *Summer* [O Verão].

p. 88 "Quanto mais escura a noite, mais brilhantes são as estrelas." Fiódor Dostoiévski, *Crime e castigo*.

p. 110 "quando estamos dançando..." Alan Watts, *A sabedoria da insegurança*.

p. 114 "Não é um acréscimo diário, mas uma diminuição diária…" Bruce Lee / Bruce Lee Enterprises LLC.

p. 115 "Deus, conceda-me a serenidade para aceitar as coisas que não posso mudar…" Reinhold Niebuhr, Oração da Serenidade.

p. 158 "o sentimento profundo de perceber que todos, incluindo desconhecidos…" John Koenig, *The Dictionary of Obscure Sorrows* [*O dicionário das tristezas obscuras*], Simon & Schuster LLC © 2021 John Koenig.

p. 164 "As pessoas são realmente iguais em toda parte…" Ryan Holiday, *Diário estoico*.

p. 176 "Quando eu era menino e via coisas assustadoras nas notícias…" Television Academy Foundation, "Fred Rogers Interview" (Entrevista com Fred Rogers), entrevistado por Karen Herman, 22 de julho de 1999. Para mais informações, visite o site: https://protect-eu.mimecast.com/s/xoHlCJy8xfroxO9CVWIXW?-domain=televisionacademy.com"TelevisionAcademy.com/interviews.

p. 202 "As pessoas muitas vezes evitam a verdade por medo de destruir…" Joshua Fields Milburn e Ryan Nicodemus, *Everything that Remains: A Memoir by The Minimalists* [*Tudo o que importa: uma vida transformada pelo minimalismo*].

p. 248 "A necessidade de aceitação pode tornar você invisível neste mundo..." Jim Carrey, discurso de formatura na Universidade de Gestão Maharishi, https://www.youtube.com/watch?v=V80-gPkpH6M.

p. 266 "O que torna tudo insuportável é a sua crença equivocada de que é algo que pode ser curado." Charlotte Joko Beck.

p. 266 "O sofrimento não é uma anomalia, mas uma pista para libertar a mente..." John Tarrant, *Hidden in Plain Sight* [*Oculto à vista de todos*], 1 May 2015.

Foram feitos todos os esforços para localizar os detentores dos direitos autorais e obter permissão para o uso de material protegido por direitos autorais. A editora original pede desculpas por quaisquer erros ou omissões e ficaria grata em ser notificada de quaisquer correções que devam ser incorporadas em futuras edições deste livro.

SUA OPINIÃO É MUITO IMPORTANTE

Mande um e-mail para **opiniao@vreditoras.com.br**
com o título deste livro no campo "Assunto".

1ª edição, jan. 2025

FONTES FS Industrie Condensed Medium 15/16,1 e 19/22,8pt
Adobe Garamond Pro Regular 13/16,1 e 15/18pt
PAPEL Pólen Bold 70g/m²
IMPRESSÃO Gráfica Santa Marta
LOTE GSM311024